弹力带

STRENGTH BAND TRAINING
3rd Edition

训练指南

第 3 版

[英] 菲尔·佩奇（Phil Page）
托德·埃伦贝克（Todd Ellenbecker） 著

崔雪原 译

人民邮电出版社

北京

图书在版编目（CIP）数据

弹力带训练指南：第3版 / （英）菲尔·佩奇
(Phil Page)，（英）托德·埃伦贝克
(Todd Ellenbecker) 著；崔雪原译. -- 北京：人民邮
电出版社，2021.5
ISBN 978-7-115-54892-4

Ⅰ. ①弹… Ⅱ. ①菲… ②托… ③崔… Ⅲ. ①身体训
练—指南 Ⅳ. ①G808.14-62

中国版本图书馆CIP数据核字(2020)第180556号

免责声明

本书内容旨在为大众提供有用的信息。所有材料（包括文本、图形和图像）仅供参考，不能用于对特定疾病或症状的医疗诊断、建议或治疗。所有读者在针对任何一般性或特定的健康问题开始某项锻炼之前，均应向专业的医疗保健机构或医生进行咨询。作者和出版商都已尽可能确保本书技术上的准确性以及合理性，且并不特别推崇任何治疗方法、方案、建议或本书中的其他信息，并特别声明，不会承担由于使用本出版物中的材料而遭受的任何损伤所直接或间接产生的与个人或团体相关的一切责任、损失或风险。

内 容 提 要

弹力带既便宜又方便携带，可以为任何训练有效地增加阻力。研究证明弹性阻力训练（ERT）对所有年龄阶层的人群都有效果，不论是儿童、老年人，还是职场久坐人群或者专业的优秀运动员。在家里、办公室或旅途中的任何地方，只要拥有一条弹力带即可轻松地完成一套全面的抗阻训练计划。

本书以图文并茂的方式，系统科学地讲解了弹力带训练的基础知识以及能够利用弹力带进行的柔韧性训练、力量训练以及康复训练等，并针对不同人群与运动项目（包括游泳、跑步、网球、高尔夫球、滑雪等个人项目，以及排球、篮球、足球、冰球等团体项目）给出了相应的训练计划。通过阅读本书，你可以加深对弹力带健身的理解，在进行弹力带训练时能够更有成效，提升运动表现。本书适合健身爱好者、体能教练、康复治疗师以及健身教练阅读。

- ◆ 著　　　 [英] 菲尔·佩奇（Phil Page）
　　　　　　 托德·埃伦贝克（Todd Ellenbecker）
　　　译　　　崔雪原
　　　责任编辑　裴 倩
　　　责任印制　周昇亮
- ◆ 人民邮电出版社出版发行　　　北京市丰台区成寿寺路 11 号
　　　邮编　100164　电子邮件　315@ptpress.com.cn
　　　网址　https://www.ptpress.com.cn
　　　临西县阅读时光印刷有限公司印刷
- ◆ 开本：700×1000　1/16
　　　印张：16.5　　　　　　　　　2021 年 5 月第 1 版
　　　字数：321 千字　　　　　　 2021 年 5 月河北第 1 次印刷
　　　著作权合同登记号　图字：01-2019-7054 号

定价：99.00 元
读者服务热线：**(010)81055296**　印装质量热线：**(010)81055316**
反盗版热线：**(010)81055315**
广告经营许可证：京东市监广登字 20170147 号

感谢我的家人——安杰拉（Angela）、麦迪逊（Madison）、凯特琳（Caitlin）、汉娜（Hannah）和安德鲁（Andrew），给予我的包容、理解和鼓励。

——菲尔·佩奇

致我亲爱的妻子盖尔（Gail），感谢你对我无与伦比的爱和支持。

——托德·埃伦贝克

目录

练习搜索列表

练习名称	锻炼的主要肌肉	主要的体育项目	是否需要附着物	页码
第5章　关节与肌肉孤立训练				
肩关节				
侧平举	三角肌中束	篮球，橄榄球，冰球	否	42
前平举	三角肌前束	篮球，橄榄球，冰球	否	43
肩胛骨练习	三角肌，肩袖肌群，尤其是冈上肌	排球，橄榄球，篮球，网棒球	否	44
单侧肩关节内旋	肩袖肌群，尤其是肩胛下肌	棒球，高尔夫，垒球，游泳，网球，排球	是	45
单侧肩关节外旋	肩袖肌群，尤其是冈下肌	棒球，垒球，游泳，网球，排球	是	46
锯肌拳击	前锯肌，三角肌前束	网球，自行车	是	47
肘关节与手腕				
肱二头肌弯举	肱二头肌	游泳	否	48
肘关节伸展	肱三头肌	游泳，滑雪	是	49
手腕屈曲	屈腕肌群	棒球，高尔夫球，垒球，网球，冰球，网棒球	否	50
手腕伸展	伸腕肌群	棒球，高尔夫球，垒球，网球，冰球，网棒球	否	51
前臂旋后	旋后肌，肱二头肌	棒球，高尔夫球，垒球，网球，冰球	否	52
前臂旋前	旋前圆肌	棒球，高尔夫球，垒球，网球，冰球	否	53
尺骨偏移	前臂屈肌和伸肌	高尔夫球，网球	否	54
桡骨偏移	前臂屈肌和伸肌	高尔夫球，网球	否	55
髋关节				
髋关节内旋	髋关节旋转肌群	高尔夫球	是	56
髋关节外旋	髋关节旋转肌群	高尔夫球	是	57
髋关节屈曲	髂腰肌，股直肌	游泳，滑雪	否	58
髋关节伸展	臀大肌	游泳，跑步，滑雪，自行车	否	59
髋关节外展	臀中肌	网棒球，跑步，滑雪	否	60
髋关节内收	髋内收肌	所有项目	是	61

练习名称	锻炼的主要肌肉	主要的体育项目	是否需要附着物	页码
膝关节				
膝关节屈曲	腘绳肌	篮球，足球	是	62
膝关节伸展	股四头肌	所有项目	是	63
膝关节末端伸展	股四头肌，股内侧肌	所有项目	是	64
踝关节				
踝关节背屈	胫骨前肌	篮球，足球，跑步	否	65
踝关节跖屈	腓肠肌，比目鱼肌	足球，跑步	否	66
踝关节内翻	胫骨后肌	篮球，足球，跑步	否	67
踝关节外翻	腓骨肌群	篮球，足球，跑步	否	68
第6章　上肢力量				
胸部				
胸前推	胸大肌，三角肌前束	橄榄球	是	72
胸部飞鸟	胸大肌，三角肌前束	篮球，橄榄球，冰球	是	73
俯卧撑	胸肌，肱三头肌	篮球，橄榄球，冰球	否	74
弹力带肩部俯卧撑	前锯肌	棒球，网球，排球，垒球	否	75
向前冲拳	三角肌前束，前锯肌	棒球，网球，排球，垒球	是	76
仰卧上拉	胸肌，背阔肌	篮球，橄榄球，冰球	是	77
动态环抱	前锯肌	棒球，垒球，游泳，网球，排球	是	78
上背部				
坐姿划船	菱形肌，斜方肌中束	棒球，垒球，游泳，跑步，网球，自行车	是	79
反向飞鸟	菱形肌，斜方肌中束	游泳	是	80
耸肩	斜方肌，菱形肌	跑步，自行车	否	81
背阔肌下拉	背阔肌	排球，橄榄球，冰球，篮球，网棒球，足球，跑步，滑雪，自行车	是	82
俯身划船	菱形肌，斜方肌中束，背阔肌	所有项目	否	83
林顿式外旋	肩袖肌群，肩胛骨稳定肌群	棒球，垒球	否	84
双侧伸展加后缩	菱形肌，三角肌后束，背阔肌	棒球，垒球，游泳，网球，排球，网棒球	是	85
高位划船	菱形肌，斜方肌中束	棒球，垒球，游泳，网球，排球，冰球	是	86

练习名称	锻炼的主要肌肉	主要的体育项目	是否需要附着物	页码
肩关节与手臂				
肩部水平肱二头肌弯举	肱二头肌，三角肌前束	所有项目	是	87
直立提拉	斜方肌上束，三角肌	篮球，橄榄球，冰球，游泳	否	88
过顶推举	三角肌，斜方肌上束	篮球	否	89
对角线屈曲：PNF	三角肌，肩袖肌群	棒球，垒球，游泳，网球，排球	是	90
对角线伸展：PNF	胸肌，肩袖肌群	高尔夫球	是	91
肩关节外旋加后缩	肩袖肌群，菱形肌	棒球，垒球，游泳，网球，排球	否	92
上肢伸展练习	肩胛肌群，胸上肢肌	所有项目	否	93
肩关节90度内旋	胸大肌，肩袖肌群	游泳，网棒球，高尔夫球	是	94
肩关节90度外旋	肩袖肌群，三角肌	棒球，垒球，游泳，网球，排球，网棒球，高尔夫球	是	95
肘关节过顶伸展	肱三头肌	棒球，垒球，游泳，网球，排球	否	96
墙上行走（60度~90度）	肩胛骨稳定肌群，肩袖肌群	篮球，自行车	否	97
第7章　下肢力量				
髋关节与臀部				
髋关节上提	髂腰肌	篮球，橄榄球，冰球，足球	否	101
臀桥	臀大肌	自行车，排球	否	102
环状弹力带臀桥	臀大肌，臀中肌	所有体育运动	否	103
髋关节伸展（驴踢腿）	臀大肌	篮球，橄榄球，冰球，足球	否	104
侧卧抬髋	臀中肌	所有项目	否	105
蚌式	臀肌，髋外旋肌	排球，篮球，网棒球，足球	否	106
反向蚌式	髋内旋肌	排球	否	107
闭链髋关节旋转	髋关节旋转肌群，臀大肌，踝关节稳定肌群	足球，高尔夫球	是	108
直腿硬拉	腘绳肌，臀肌，下背部	所有项目	是	109

练习名称	锻炼的主要肌肉	主要的体育项目	是否需要附着物	页码
大腿				
弓步	臀大肌，股四头肌	棒球，垒球，橄榄球，冰球，篮球，网棒球，足球，滑雪	否	110
弹力绳弓步	臀大肌，股四头肌	所有项目	否	111
侧弓步	臀中肌，臀大肌，股四头肌	排球，跑步，滑雪	否	112
迷你蹲	臀大肌，股四头肌	所有项目	否	113
前蹲	臀大肌，股四头肌	棒球，垒球，橄榄球，篮球，网棒球，足球，跑步，高尔夫球	否	114
环状弹力带杠铃深蹲	臀肌，股四头肌	篮球，橄榄球，冰球，足球	否	115
单腿蹲	臀大肌，股四头肌，踝关节稳定肌群	排球，篮球，网棒球，滑雪	否	116
怪兽行走	臀中肌，臀大肌，股四头肌	冰球，足球，网球	否	117
下蹲行走	臀中肌，臀大肌，股四头肌	冰球	否	118
腿部蹬伸	臀大肌，股四头肌	所有项目	否	119
站姿蹬腿	腘绳肌，臀大肌	篮球，橄榄球，冰球，足球	是	120
站姿抬腿	股四头肌，屈髋肌群	所有项目	是	121
弹力带快踢	臀大肌，臀中肌，髂腰肌，股四头肌，踝关节稳定肌群	冰球，篮球，网棒球，足球，游泳，跑步，网球，自行车	否	122
髋关节时钟转动	臀大肌，臀中肌，髂腰肌，股四头肌，踝关节稳定肌群	足球	否	123
消防栓	臀中肌，臀大肌，核心肌群	所有项目	否	124
第8章　核心稳定性				
腹部				
仰卧卷腹	腹肌	所有项目	是	126
斜向卷腹	腹斜肌	跑步	是	127

续表

练习名称	锻炼的主要肌肉	主要的体育项目	是否需要附着物	页码
腹部				
下腹卷腹	下腹部	所有项目	否	128
跪姿卷腹	腹肌	所有项目	是	129
跪姿过顶上举	上背部，下背部	所有项目	是	130
躯干旋转	腹斜肌	排球，冰球，足球，高尔夫球	否	131
抗旋转前推（站姿绳索抗旋转）	腹斜肌	所有项目	是	132
下背部				
侧屈	腰方肌	所有项目	否	133
坐姿背部伸展	背部伸肌	所有项目	否	134
站姿背部伸展	背部伸肌，臀大肌	跑步	否	135
侧桥	腰方肌	所有项目	否	136
四足稳定练习	腰椎稳定肌群，臀肌，腹斜肌	足球，跑步，高尔夫球，自行车	否	137
仰卧稳定性练习	腰椎稳定肌群	所有项目	否	138
第9章　全身训练				
深蹲对角线屈曲	三角肌，腰椎稳定肌群，股四头肌，臀肌	所有项目	否	140
迷你蹲反向飞鸟	三角肌，腰椎稳定肌群，股四头肌，臀肌	所有项目	否	141
弓步对角线屈曲	三角肌，腰椎稳定肌群，股四头肌	所有项目	否	142
弓步药球转体	所有肌群	网球	是	143
双边下砍	躯干前侧，肩关节	篮球，橄榄球，冰球	是	144
双边上提	躯干后侧，肩关节	篮球，橄榄球，冰球	是	145
侧桥单边划船	菱形肌，腰方肌	网球	是	146
跨步推	胸大肌，肱三头肌	篮球，橄榄球，冰球	否	147
模拟上提	臀大肌，股四头肌，腰椎稳定肌群	篮球，橄榄球，冰球	否	148
跨步上提	臀大肌，股四头肌，腰椎稳定肌群	篮球，橄榄球，冰球	否	149

练习名称	锻炼的主要肌肉	主要的体育项目	是否需要附着物	页码
跨步斜推	胸大肌，肱三头肌，三角肌	篮球，橄榄球，冰球	否	150
反向跨步后拉	菱形肌，背阔肌，臀肌	篮球，橄榄球，冰球	是	151
向上踏步弯举	股四头肌，臀大肌，肱二头肌	棒球，高尔夫，垒球，游泳，网球，排球	否	152
肩外旋跨步	肩袖肌群，菱形肌，躯干旋转肌群	棒球，高尔夫，垒球，游泳，网球，排球	是	153
肩内旋跨步	肩袖肌群，胸大肌，躯干旋转肌群	棒球，高尔夫，垒球，游泳，网球，排球	是	154
第10章　老年人训练				
颈部稳定练习	深层颈部屈肌，肱三头肌，三角肌	所有项目	否	156
肘关节弯举	肱二头肌	所有项目	否	157
肘关节伸展	肱三头肌	所有项目	否	158
胸前推	胸肌，三角肌前束	篮球，橄榄球，冰球	否	159
前平举	胸肌，三角肌前束，下背部	篮球，橄榄球，冰球	否	160
过顶推举	三角肌，肱三头肌	篮球，橄榄球，冰球	否	161
侧平举	三角肌	篮球，橄榄球，冰球	否	162
坐姿划船	三角肌后束，肩胛骨稳定肌群，肱二头肌	棒球，垒球，游泳，网球，排球	是	163
过顶下拉	背阔肌，肩胛骨稳定肌群	所有项目	否	164
后拉练习	肩胛骨稳定肌群，三角肌后束	所有项目	否	165
直立提拉	斜方肌上束，三角肌	篮球，橄榄球，冰球，游泳	否	166
髋关节上提	屈髋肌群	篮球，橄榄球，冰球，足球	否	167
腿部蹬伸	臀大肌，股四头肌	所有项目	否	168
椅子下蹲	臀大肌，股四头肌	所有项目	否	169
腿部伸展	股四头肌	所有项目	否	170
膝关节屈曲	腘绳肌	所有项目	否	171
踝关节背屈	胫骨前肌，腓骨肌群	所有项目	否	172
踝关节跖屈	腓肠肌，比目鱼肌	所有项目	否	173

续表

练习名称	锻炼的主要肌肉	主要的体育项目	是否需要附着物	页码
第12章　团体项目				
击球模拟练习	躯干旋转肌群，臀肌，股四头肌，小腿肌肉	棒球，垒球	是	185
手套侧弓步	所有肌群	棒球，垒球	是	186
投球模拟练习	所有肌群	棒球，垒球	是	187
低手风车式投球模拟练习	所有肌群	垒球，棒球	是	187
发球模拟练习	所有肌群	排球	否	189
拦网模拟练习	所有肌群	排球	否	189
垫球怪兽行走	所有肌群	排球	否	190
三点式站姿爆发练习	所有肌群	橄榄球	是	192
全身伸展	所有肌群	橄榄球	否	192
爆发式前屈	所有肌群	橄榄球	是	193
怪兽行走抛球模拟练习	所有肌群	橄榄球	否	194
带球杆滑冰步	所有腿部肌群	冰球	否	196
带球杆抗阻滑步	髋外展肌，髋内收肌	冰球	否	196
抗阻击射回拉	所有肌群	冰球	是	197
抗阻击射随球动作	所有肌群	冰球	是	197
带球杆抖腕射	所有肌群	冰球	是	198
带篮球滑步	核心肌群，屈髋肌群，髋外展肌，股四头肌	篮球	否	200
带球杆跨步	所有肌群	网棒球	是	202
传球模拟练习	所有肌群	网棒球	是	203
髋外展踢球	髋外展肌，屈髋肌群	足球	否	206
髋内收踢球	核心肌群，髋内收肌	足球	是	206
斜对角踢球	所有肌群	足球	是	207
踢球稳定控制	臀肌，腘绳肌	足球	是	207
边线球模拟和过顶传球	肩关节伸肌，背阔肌，核心肌群，屈髋肌群	足球	是	208

练习名称	锻炼的主要肌肉	主要的体育项目	是否需要附着物	页码
第13章　个人项目				
游泳划水练习	背阔肌，肱三头肌，核心肌群	游泳	是	212
站姿肩关节水平外展加外旋	肩袖肌群，肩胛骨肌群	游泳	否	213
环状弹力带单腿臀桥	臀大肌，腘绳肌，腹肌，下背部肌肉	跑步，网球	否	215
平行式站姿正手击球	所有肌群	网球	是	218
旋转挥拍	腹斜肌，核心肌群	网球	是	219
水平外展（高位反手击球）	三角肌后束，肩袖肌群，肩胛骨肌群	网球	是	220
快速伸缩复合式横向跨箱	所有下肢肌群	网球	是	221
高尔夫挥杆加速练习	所有肌群	高尔夫球	是	223
后摆杆练习	所有肌群	高尔夫球	是	224
躯干旋转与手臂扭转	核心肌群，肩关节稳定肌群	高尔夫球	是	225
团身下蹲	伸髋肌群，股四头肌，小腿肌肉	滑雪	否	227
单腿平衡下蹲	所有肌群	滑雪	否	228
双腿抗阻下蹲	伸髋肌群，股四头肌，小腿肌肉	滑雪	否	229
CLX罗马尼亚硬拉	下肢所有肌群，核心肌群	自行车，橄榄球，冰球，网棒球	否	231
抗阻向前跨步	股四头肌，腓肠肌，屈髋肌群，臀肌，核心肌群	自行车，篮球	是	232

书中单位换算

1磅 ≈ 0.45千克

1英尺 ≈ 0.30米

1英寸 = 2.54厘米

致谢

感谢运动表现健康（Performance Health）和美国赛乐（TheraBand）公司提供的健身器材。同时感谢所有的患者、客户、老师以及同事为分享这些训练提供的实践性知识。特别感谢人体运动出版社（Human Kinetics）优秀的员工，他们经验丰富，让本书的第3版编撰成册。

力量训练是全面练习计划的重要组成部分。事实上，美国运动医学会（The American College of Sports Medicine，ACSM）和美国卫生与公众服务部（U.S. Department of Health and Human Services，USHHS）建议成年人每周至少有两天时间进行涉及所有主要肌群的肌肉力量练习。弹力带既便宜又方便，可以为训练有效地增加阻力。研究证明，弹性阻力训练（Elastic Resistance Training，ERT）对所有年龄层的人都有效果，从儿童到老年人，以及从久坐人群到优秀运动员。

弹性阻力在健身项目中的应用已经超过100年，最近也运用于康复领域。因为弹性阻力的多种功能对不同的患者以及不同的状况来说都非常理想，所以弹性阻力是物理治疗师在临床和家庭项目中最常使用的抗阻训练模式之一。研究显示，弹性阻力产生的效果与一些传统的等张阻力产生的效果类似，所以弹性阻力适用于大多数人。

因为弹性阻力的多功能性，所以它是很多康复训练的基础。因为弹力带具有低水平的阻力，并且可以随着患者的恢复情况逐级增加阻力水平，所以物理治疗师通常为康复初期的患者制定利用弹性阻力进行的力量练习。除此之外，弹力带的便携性和低成本性，让其成为家庭训练计划中进行力量练习的一个理想工具。弹性阻力训练的适用人群还包括不能使用传统重量或器械训练的特殊人群，如老年人或者残疾人。弹性阻力训练也适用于团体训练项目，因为它容易过渡，具有多变性，可以逐渐增加阻力强度。

人们对弹性阻力训练进行了广泛的研究，发现它是一项有效的力量训练方式，其多功能性是无可比拟的。没有其他形式的抗阻训练可以提供如此多的不同的动作模式、速度以及进阶选择。在任何地方，如家里或旅途中，利用一根弹力带可以轻松地完成一套全面的抗阻练习计划。

本书第3版更新了照片，提供了更多的训练，以及增加了提高运动表现的章节。本书的第1部分介绍了弹性阻力训练的基础知识，其中包括支持弹性阻力训练的科学理论和研究弹性阻力训练的利弊，弹性阻力训练与其他抗阻训练方式（如重量和器械训练）的比较，以及具体的训练参数和安全须知。

第2部分的章节包括利用弹力带进行拉伸和力量练习。在第4章中，读者将会学习如何利用弹性阻力来协助拉伸练习，其中包括PNF技术。第5章~第9章是具体的练习，涉及加强所有主要肌群，以及上半身、下半身、核心部位和全身的功能性活动。每项练习都有图片示意、目标肌肉列表、正确动作的指导和提示，以及与练习相关的研究信息。第10章的内容作为全面练习计划的一部分是专门针对老年人的弹性阻力训练。

第3部分介绍了关于健身训练、团体项目、个人项目以及康复训练的弹性阻力训练计划。第11章涵盖了针对全身的一系列循环抗阻训练计划，这些训练可以在任何地方进行，包括在旅途中。第12章和第13章分别涉及团体项目和个人项目，并且分别提供了运动专项训练计划，包括基础练习和运动模拟练习。第14章概述了在上肢、下肢、颈部以及背部肌肉骨骼损伤后，利用弹力带进行力量练习的建议。

第1部分

弹性阻力训练的基础知识

第1章

弹性阻力的解释

弹性阻力训练的原理很简单：当你拉伸弹力带时，阻力会增加。这种阻力为肌肉提供渐进式的刺激，从而增加肌肉力量和质量。弹性阻力训练（Elastic Resistance Training，ERT）可以同时锻炼一个或者多个关节，使练习更具功能性和有效性。训练器械利用重力产生负重（等张阻力），所以每一种器械通常只能进行一个特定的练习。弹性阻力不依赖于重力，相反，其取决于弹力带或弹力绳的拉伸程度，因此，弹性阻力可提供无数个训练选择。

弹性阻力训练提供了全方位的抗阻训练选择，从康复到健身训练，从年轻人到老年人，无一不从中获益。弹力带和弹力绳也可应用于损伤预防和提高运动表现的计划中。使用一根弹力带或弹力绳就可以进行许多的练习。更换不同颜色的弹力带或弹力绳，可以轻松地增加（或减少）阻力。利用一根弹力带进行各种练习，如卧推、坐姿划船、直立提拉、背阔肌下拉、腿部蹬伸、膝关节伸展、腘绳肌弯举，就能锻炼所有主要肌群。弹力带也被用于强化不容易被等重量（针对特定肌肉的）器械激活的特殊肌群，如肩袖肌群和腓骨长肌（稳定踝关节的重要肌肉）。表1.1是等张阻力与弹性阻力的对比情况。

表1.1 等张阻力与弹性阻力的对比情况

特性	等张阻力	弹性阻力
阻力来源	重力和质量	拉伸（%）
力量分布	线性并恒定	线性并递增
力量曲线	钟形	钟形
动作模式	固定	多变

与传统负重训练相似的效果

研究者表明，弹性阻力训练产生的效果与那些传统的等张阻力训练产生的效果相似。从生物力学上来讲，弹性阻力与自由重量一样，可产生相同的力量曲线（阻力矩），甚至可以为精英运动员提供合适的运动刺激（Aboodarda et al., 2013）。在整个活动范围内，弹性阻力的合成力矩对肌肉的刺激与等张阻力相同，即在中间范围提供最大的力矩（Hughes et al., 1999）。除此之外，与等张阻力训练相比，弹性阻力训练通过降低合力，可能对关节更友善（Biscarini, 2012）。

有一种观点认为弹性阻力训练并不能给肌肉力量或肌肉肥大带来实质性的效果。然而，阿布德拉达和其同事（Aboodarda et al., 2011）把弹性阻力训练和负重器械引发的生理反应进行了对比，他们发现弹性阻力训练可以有效地促进肌肉肥大。此外，松德斯和其合作者（Sundstrup et al., 2012）表示，在肌肉衰竭之前，运用弹性阻力进行肩部训练可以实现所有肌肉的激活作用，这表明弹力带是一种有效、实际而且易于使用的传统阻力设备的替代品。

由于弹性阻力训练和等张阻力训练给肌肉带来的训练刺激相似，所以肌肉激活水平（由肌电图测量）相似也就不足为奇。阿布德拉达和其同事（Aboodarda et al., 2016）在一项荟萃分析中提出，在14项弹性阻力训练和等张阻力训练的对比研究中，肌肉激活水平并没有显著差异。另外，他们发现与等张阻力训练相比，弹性阻力训练更能提高稳定肌群的激活水平。事实上，用弹力带进行俯卧撑练习可以使整体的肌肉激活水平提高39%，这相当于最大卧推的70%的胸肌激活水平（Calatayud et al., 2014）。这进一步支持了弹性阻力训练能够提供足够的训练刺激这一事实。

与器械训练相比，弹性阻力训练也能提供更佳的肌肉激活模式。例如，与使用腹部训练器相比，使用弹力绳能使屈髋肌群的激活水平降低58%，腹部肌肉的激活水平增加24%（Sundstrup et al., 2012）。此外，使用弹力带进行弓步练习比使用哑铃更显著地提高了后侧链肌群的激活水平（Jakobsen et al., 2013）。

更多的研究表明，在力量增长方面，弹性阻力训练与使用昂贵且笨重的负重训练设备训练所取得的效果一样。科拉多和特里普利特（Colado and Triplett, 2008）的一项为期10周的研究比较了相同强度的弹性阻力训练与器械训练，发现两组之间并没有显著的差异。两组训练者都在力量和肌肉质量方面有显著的提高。此外，研究人员指出，与器械训练者相比，弹性阻力训练者受益于更低的成本和便捷性。

将弹性阻力训练融入你的健身计划

弹性阻力训练可以很容易地被整合到健身计划中。无论你喜欢自由重量训练还是器械训练，弹性阻力训练都能让你完成与利用昂贵健身器材进行的同类型的训练，而且这些训练还可以在家里或旅行中执行。不同阻力水平的弹力带和弹力绳为特定的目标提供了全面的训练强度。弹性阻力训练不受重力的限制，不仅可以让你孤立肌肉，以完全不同的方式做同样的运动，而且作用可能更加明确。除此之外，弹力带可以用于柔韧性或平衡练习，为提高整体健康水平提供更广的选择。

孤立训练

特定的弹力带或弹力绳提供的阻力可以针对特定的动作和肌肉进行锻炼，这些动作和肌肉可能不是利用器械就可以轻易训练的。除了固定的动作模式，负重器械可能无法为肩袖肌群等小肌群提供所需的较低水平的阻力。高强度的抗阻训练的目标更多在于大肌群，而非小的稳定肌群。

同时，弹性阻力训练不依赖重力，从而能够把特定肌群和关节作为训练目标。将弹力带和弹力绳调整得与肌纤维平行，可以在不依赖重力的情况下为孤立的肌肉提供阻力矢量。

康复或矫正训练

弹性阻力训练可以提供较低水平的阻力这一特点已经让其成为康复训练中的主角。作为最常用的抗阻训练形式之一，几乎在每一个物理治疗诊所和运动防护室都可以看到弹性阻力训练。它的简易操作性使其成为家庭锻炼计划的理想选择。此外，许多人在康复后会继续进行弹性阻力训练，以保持健康或预防进一步的肌肉骨骼问题，如肩关节撞击综合征或慢性颈部疼痛。

随着越来越多的物理治疗师和运动防护师规定了旨在改善身体姿势和动作模式的具体练习，矫正练习变得越来越流行。当我们了解到更多与不良姿势和异常动作模式相关的风险时，弹性阻力可以提供针对特定肌群和关节的特定矢量的较低水平的阻力。

功能性训练

通过在运动专项活动（如高尔夫球的挥杆或棒球投掷）中建立一个阻力矢量，弹性阻力被用于对功能性动作模式进行的再训练。通过以核心肌群为目标的全身运动或刺激姿势稳定和平衡性的训练，弹性阻力也可以用于稳定性训练。弹性阻力提供多面向的阻力，包括额状面、矢状面、横截面（前和后，左和右，顶部、中段和底部），同时为孤立和综合的功能性动作提供阻力。弹性阻力是唯一适合模拟全身、多关节动作的功能性活动，如模拟投掷、举重或跑步。

热身和放松

弹性阻力除了可用于强化肌肉，还可以用于热身和放松活动。阻力大的弹力带通常被用于拉伸，无论是静态的还是动态的，拉伸可以作为热身或放松活动的一部分。弹力带和弹力绳的弹性，使其成为收缩−放松拉伸技术的理想工具。

运动员通常使用弹性阻力对孤立肌群进行低负荷、高重复的热身活动。例如，棒球投手通常使用弹力绳对肩袖肌群进行拉伸。弹性阻力训练可以模仿功能性的动作模式，这使得它成为进行低阻力的热身活动或者在训练前进行矫正练习的理想方式。

增强的抗阻训练

弹力带也可以和自由重量相结合，以达到高水平的训练效果，尤其是与卧推或深蹲动作相结合时。理论上来说，弹性阻力和等张阻力相结合可补充向心和离心运动阶段，从而在初始运动中提供更大的加速度，潜在地提高爆发力。然而在文献资料中存在着一些矛盾：有些研究报告显示，弹性阻力与等张阻力的结合使力量和爆发力得到增强，但有些研究报告显示并非如此。最近的荟萃分析评价了在跳跃训练中增加弹性阻力的有效性（Aboodarda et al., 2015），分析发现在离心运动阶段增加负荷并不能提高跳跃成绩。关于这一理论，需要更多的研究来证实。

优点与缺点

和任何形式的力量训练一样，弹性阻力训练也有其利弊。考虑把弹性阻力训练加入训练计划的个人应仔细权衡这些问题。

优点

弹性阻力训练最大的好处在于其方便性、成本低、功能多。与等张阻力训练（自由重量、器械和滑轮）不同，弹性阻力训练依赖于弹力带内部的张力而不是重力。等张阻力训练受限于运动方向中重力所提供的阻力（例如，向上运动对抗重力），而弹性阻力训练可提供更多的动作和运动方向（如左右方向）。与选择的器械相比，弹性阻力训练可提供更高水平的神经肌肉控制。

利用弹性阻力训练可以在站立的姿势下（而不是坐在器械上）进行多关节和多平面的动作，因此与在器械上进行同样的训练相比，弹性阻力训练能更多地激活稳定肌群。另外，利用弹性阻力进行练习更不容易偷懒，因为你无法借助动量把重量急拉到位。与基于滑轮和器械的阻力训练相比，弹性阻力训练可以在动作复原阶段提供固有且更顺畅的离心阻力，从而刺激肌肉的抗重力功能。最后，弹力带也可以用于高速动作和快速伸缩复合训练，而等张阻力和器械却不能。

缺点

虽然弹性阻力训练具备以上几个优点，但确实也有缺点。不幸的是，弹力带和弹力绳确实偶尔会发生断裂。虽然比等张阻力器材更容易磨损，但在弹力带生产制造方面取得的进步已经延长了弹力带的使用寿命。使用弹力带的时候必须小心，要经常检查，并且避免接触尖锐的物品。确保弹力带连接固定，以免断裂。

与等张阻力器材相比，很难量化一条弹力带的具体阻力值。例如，我们无法说某一根特定的弹力带产生的阻力等于某一个具体的值（使用哑铃的时候是可以的）。每根弹力带所产生的力是由拉伸的程度决定的。

大多数的弹力带和弹力绳都含有天然乳胶，很多人对此过敏，他们接触弹力带或弹力绳时皮肤可能出现红肿和擦痕。任何对乳胶过敏的人应该使用不含乳胶的弹力带和弹力绳，以避免出现过敏反应。

本章把弹性阻力训练与其他类型的抗阻训练进行对比，讨论了如何把弹性阻力训练融入各种训练计划，并且列出了弹性阻力训练的优缺点。在第1部分的以后章节中将论述弹性阻力训练的基础知识和具体的训练参数。

第2章

弹力带的基础知识

正如第1章所述，弹性阻力训练在生物力学、肌肉激活和训练效果上与等张阻力训练相似。弹性阻力训练的简单性常常掩盖了其应用和结果背后的大量研究。虽然弹性阻力训练背后的生物力学原理可能让人有点不安，但是重点在于利用弹力带和弹力绳进行训练的简易性和方便性。在讨论弹性阻力训练的时候要区分两个主要的生物力学术语：力和力矩。

弹力的生成

众所周知，弹性阻力随着弹力带或弹力绳的拉伸而增加。然而，力的生成也与弹力带或弹力绳的厚度有关系。拉动弹力绳或弹力带生成的力一般按照以下公式进行计算（假设材料的弹性系数保持恒定）。

弹性阻力＝横截面积 × 伸长率

因此弹性阻力与弹性材料的横截面积、伸长率成正比。横截面积实质上就是指弹性材料的总厚度（宽 × 高）。通常来说，随着弹力带或弹力绳的弹性材料厚度的增加，阻力水平也相应提高。

伸长率是指变化的长度与静息长度（无张力）的百分比。例如，一根在无张力情况下长3英尺的弹力带被拉伸至6英尺长，其伸长率为100%。同样地，一根1英尺长的弹力带被拉到2英尺长，其伸长率也为100%。力的生成由伸长率决定，而不是由弹力带或弹力绳的静息长度决定。在这个例子中，无论是3英尺长还是1英尺长的弹力带，相同颜色的弹力带在100%伸长时产生相同的力。

需要注意，不同的生产商使用不同的颜色方案来代表不同的厚度和阻力水平。另外，由不同生产商生产出的相同颜色的产品可能完全不同。因此不同的品牌有各自特殊的产品标准。表2.1用美国赛乐（TheraBand）CLX弹力带举例说明了100%与200%伸长率的阻力情况。

因为弹力带或弹力绳被拉伸时，弹性材料的横截面积保持恒定，所以随着伸长率的

表2.1 美国赛乐CLX弹力带100%和200%伸长率的阻力情况

弹力带颜色	100% 伸长率（磅）	200% 伸长率（磅）
黄色	2.96 ± 0.11	4.22 ± 0.16
红色	3.60 ± 0.16	5.52 ± 0.33
绿色	4.46 ± 0.13	6.32 ± 0.40
蓝色	5.56 ± 0.29	8.24 ± 0.38
黑色	7.22 ± 0.18	10.12 ± 0.26
银色	10.36 ± 0.21	14.90 ± 0.16
金色	14.32 ± 0.16	20.80 ± 0.21

经美国运动表现健康公司的允许。源自：P. Page, L. Andersen, J. C. Colado, M. Rogers, M. Voight and D. Behm, "The Science of Elastic Resistance Exercise Dosing," *Journal of Performance Health Research* (in review, 2019).

增加，合力呈线性增加。这一点可以在弹性阻力的力-伸长率曲线（见图2.1）中看出来。临床上讲，弹性阻力的力-伸长率曲线是相对线性的，这与普遍认为的弹性阻力会随着弹力带的拉伸而呈指数级增长的观点相反。弹性阻力呈指数级增长一般在伸长率较高的情况下发生，通常只在实验室环境下才看得到。

弹力带产生的阻力代表了练习的强度。负重器材和弹力带在练习过程中都提供渐进式的强度水平，可以让每个人选择合适的阻力。如前文所述，弹力带和负重器材具有不同的阻力属性；弹力带产生的弹性阻力呈线性增长，但负重器材产生的等张阻力保持不变。虽然每种训练形式产生的力不同，但是在整个活动范围内产生合适阻力的能力是相似的。这被称为该训练的力量曲线，由该训练的生物力学力矩来表示。

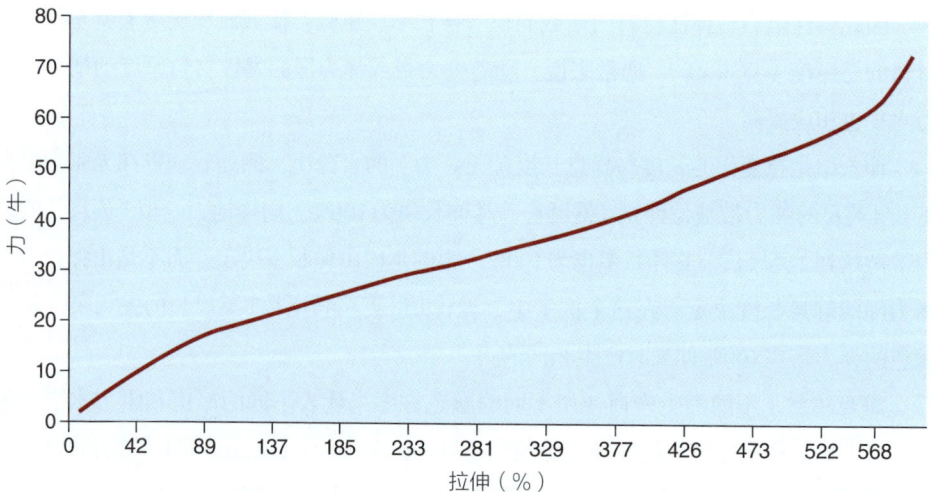

图2.1 弹性阻力的力-伸长率曲线

源自：Reprinted by permission from P. Page, "Dosing of Elastic Resistance Exercise." In *The Scientific and Clinical Application of Elastic Resistance*, edited by P. Page and T. Ellenbecker (Champaign, IL: Human Kinetics, 2003), 28.

弹性力矩的生成

弹性阻力训练可以不依赖于重力而形成线性阻力，这与依靠重力和质量产生阻力的自由重量训练形成对比。把弹力带附着在一只杠杆臂上，固有的线性阻力围绕一个关节形成力矩，因此产生力量曲线。这种力量曲线代表了在活动范围内刺激肌肉的阻力矩。

大多数人的力量曲线呈钟形，这意味着在活动范围的中段阻力矩最大，在动作开始和结束时最小。这种钟形的力量曲线被认为是肌动蛋白和肌球蛋白在肌丝滑行过程中的重叠不充分造成的。然而，根据肌肉和关节的情况，一些力量曲线实际上可能会呈递增或递减趋势（见图2.2）。

与钟形力量曲线相比，递增的力量曲线代表在靠近活动范围的末端时所需的力矩增加，同时递减的力量曲线代表在活动范围的末端所需的力矩减少。这些不同，通常是因为肌肉长度与张力之间的关系的差异、关节活动程度的不同以及杠杆臂的长度不一。

有些人提出使用弹力带的训练不具备功能性，认为弹力带产生的递增的力与从递增到递减的钟形力量曲线所反映的力是相反的。他们的论点是当肌肉在活动范围的末端最不可能产生力时，弹力带却处于最大阻力的阶段。然而，研究表明，事实上弹性阻力的力量曲线与等张阻力的力量曲线相似：两者都是钟形曲线（见图2.3）。此外，弹性阻力训练不像典型的等张阻力训练那样受某单一平面的限制。

虽然不可能把具体的阻力值分配到某一特定的弹力带（如一根黄色弹力带的阻力是3磅），但研究者已经把弹性阻力和等张阻力的力量曲线进行了对比，确认了弹力带和负重器械会形成类似的钟形曲线（Page et al., 2017）。最重要的是他们发现与弹性阻力等值的等张阻力相当于伸长率大概在125%时产生的力。因此，如果一根弹力带被拉伸超过全弧活动范围（200%），那么它的力量曲线会与一个哑铃的力量曲线相似。这个信息对训练受限的损伤康复患者和术后病人有帮助。例如，如果一位患者被告知不能举起任

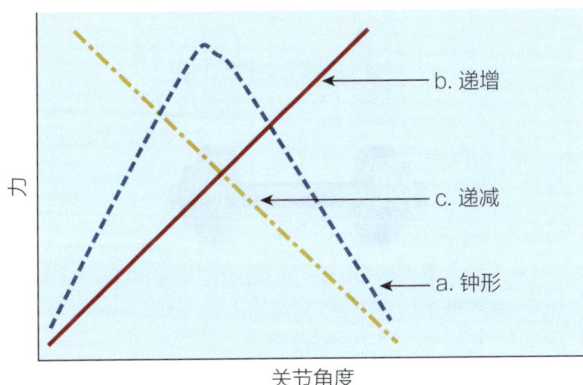

图2.2 3种肌肉力量曲线

何超过5磅的重量，他最多应该使用绿色的弹力带（见图2.4）。

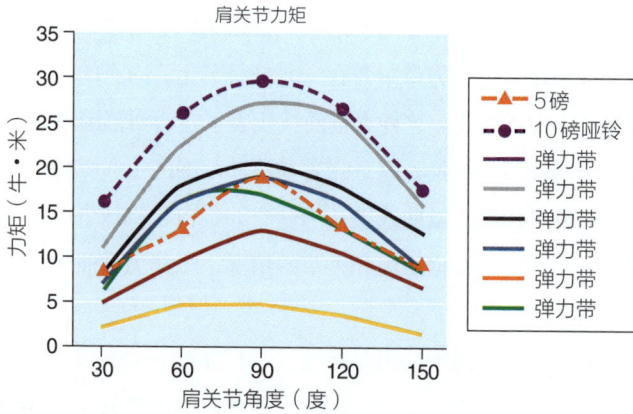

肩关节力矩

图例：
- 5磅
- 10磅哑铃
- 弹力带
- 弹力带
- 弹力带
- 弹力带
- 弹力带
- 弹力带

纵轴：力矩（牛·米）
横轴：肩关节角度（度）

图2.3　等张阻力（哑铃）与弹性阻力（各种颜色的弹力带）的力量曲线

经JOSPT杂志的允许。源自：C. J. Hughes, K. Hurd, A. Jones and S. Sprigle, "Resistance Properties of Thera-Band Tubing During Shoulder Abduction Exercise," *Journal of Orthopaedic & Sports Physical Therapy* 29, no.7 (1999): 413–420.

3磅

4磅

5磅

6磅

8磅

12磅

15磅

图2.4　与伸长率超过100%的美国赛乐CLX不同颜色弹力带产生的力相对等的等张阻力

经美国运动表现健康公司的允许。数据源自：P. Page, R. Topp, P. Maloney, E. Jaeger, A. Labbe and G. W. Stewart. "A Comparison of Resistive Torque Generated by Elastic Resistance and Isotonic Resistance (Abstract)." *Journal of Orthopedic & Sports Physical Therapy* 47, no.1 (2017): A203.

各种弹性阻力器材

可用于弹性阻力训练的器材多种多样。较受欢迎的有弹力带，其通常可以卷起来，宽度达到3~6英寸；有弹力环，其不需要把弹力带系在一起，提供了一个便利的练习选择，各种不同厚度和长度的弹力环被用于康复训练和健身；有带手柄或者不带手柄的弹力绳，带有手柄的弹力绳在团体健身训练中更受欢迎；有带锁扣的弹力绳，锁扣附着在绳子的两个末端。另一种是赛乐CLX的多环弹力带，其附有环带（见图2.5）。

弹力带和弹力绳之间几乎没有区别。一般而言，由同一厂商生产的相同颜色的弹力带和弹力绳在任何给定的伸长率下具有相同的阻力水平。这是因为厂商通常把类似颜色的弹力带和弹力绳与特定数量的弹性材料（横截面积）相匹配。需要注意的是，不同的厂商对阻力水平有不同的设定。从生理学和生物力学方面来讲，弹力带和弹力绳在抗阻训练刺激方面是没有任何差别的。选择弹力带还是弹力绳由个人喜好决定。通常，弹力绳是上肢练习的首选，弹力带是下肢练习的首选。从过去来看，这很可能是因为弹力绳先于弹力带被人们使用，而且使用弹力绳进行肩部练习较容易。

使用弹力带进行训练的一个好处在可以轻松地将弹力带缠绕在手上或固定在其他身体部位上，而不用将其附着在某些物体上（见图2.6），但有些人喜欢在弹力带上安装手柄。当把弹力绳缠绕在手上的时候，在运动期间其容易嵌入皮肤。使用带有手柄的弹力绳就可以避免这个问题（见图2.7）。尽管不是必要的，但是利用弹力带和弹力绳附件和附属装置（见图2.8）可以增加训练量。无论使用什么样的方法为弹力带创造一个附着点，最关键的是确保连接的稳定以预防发生损伤。通常建议在弹力绳的训练中使用手

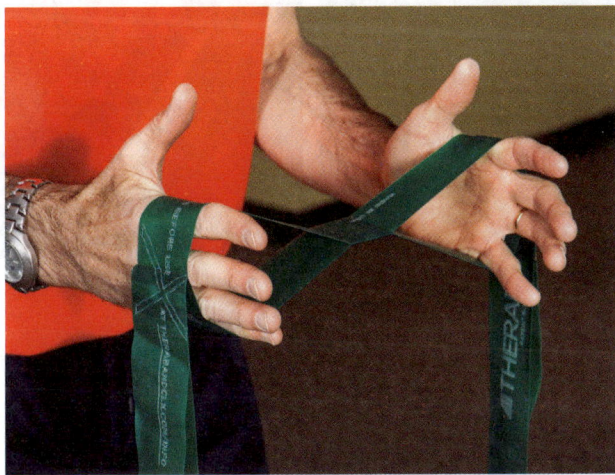

图2.5 赛乐CLX多环弹力带

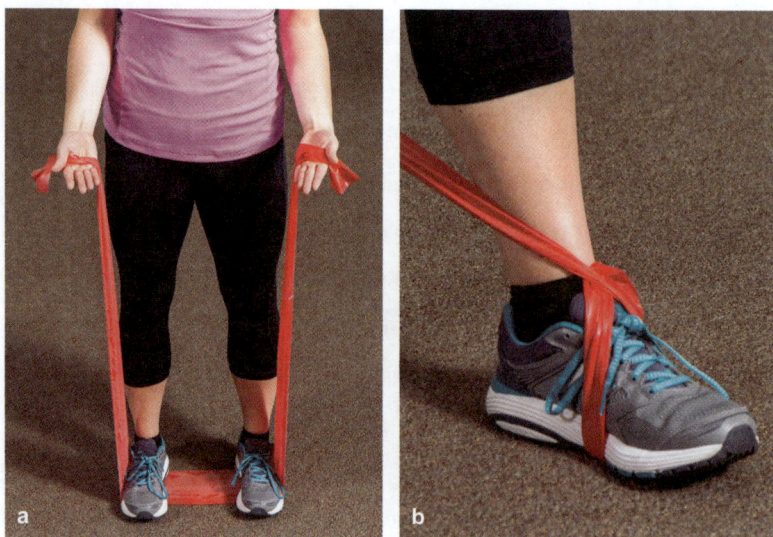

图2.6　弹力带：a. 手缠绕；b. 脚缠绕

图2.7　带有手柄的弹力绳

柄、攀山扣、门锚和肢体带等附件，用来避免手部的不适感。根据不同的训练，训练者可利用门锚在家里变动弹力带的附着点。

图2.8 常用的弹力带附件和附属装置：a. 门锚；b. 肢体带；c. 运动手柄；d. 手上使用的辅助带；e. 系在物体上的辅助带

如何爱护弹力带

- 避免弹力带暴晒或接触高温，避免极端温度。
- 使用温和的肥皂水清洗。
- 清洗后平放让其晾干。
- 如果抓握弹力带有困难，可使用手柄。
- 不要超过正常训练的使用范围拉伸弹力带。
- 在使用前检查弹力带是否有撕裂和缺口，如有必要，请换一根。

　　本章讨论了弹力带的基本知识，包括弹力带和弹力绳产生的阻力和力量曲线。虽然弹性阻力器材有许多种，但它们的特性基本相同。第3章将讨论在运用弹性阻力训练时要考虑的具体参数，包括使用适当的阻力水平、进阶以及注意事项。

第**3**章

应用与评估

弹力带可以作为一项全面的体育活动计划的一部分，适合所有年龄阶段的人群。从儿童到老年人都可以从使用弹力带进行的力量、平衡或柔韧性训练中获益。

无论是年轻人还是老年人，仅用弹性阻力进行为期6周的锻炼计划就可以使他们的力量增加10%~30%。弹性阻力训练的额外好处还包括增加肌肉质量、降低体脂、提高肌肉爆发力和耐力。事实上，运用弹性阻力进行腿部力量训练甚至可以提高平衡能力、改善步态和增加灵活性。通常，弹性阻力训练可以带来与抗阻训练相同的益处。为了获得弹性阻力训练带来的益处，请遵循所有抗阻训练推荐的参数，以获得正确处方和合理进阶。

最近，美国卫生与公众服务部（U.S. Department of Health and Human Services，US HHS）发布了第2版《美国人体力活动指南》（2018）。美国卫生与公众服务部建议所有成年人（包括患有慢性疾病的人、残疾人和老年人）对所有主要肌群进行每周2天或2天以上的中等强度至高强度的肌肉力量活动，并且建议儿童和青少年每周进行3次肌肉力量活动。

美国运动医学会（The American College of Sports Medicine，ACSM）（2018）针对肌肉锻炼提出了以下建议。

- 应该利用不同的练习对每个主要肌群进行每周2~3次的训练。
- 对于任何一个肌群，训练之间至少有48小时的休息时间。
- 利用阻力训练设备、负重器械或两者组合。
- 进行2~4组力量和爆发力训练，或1~2组肌肉耐力训练，每组之间休息2~3分钟。对初学者或老年人，一组训练就有效果。
- 对大部分成年人，力量和爆发力训练建议每组重复8~12次，耐力训练每组重复15~25次。
- 根据个人的目标和健身水平，训练强度（负重）可以不同。例如，对想要提升力量的初学者和中等水平的成年人，推荐强度为一次重复最大重量（1RM）的60%~70%；但对想提高耐力的人，推荐强度为低于1RM的50%。1RM的40%~50%可能有利于刚开始训练的老年人。但有力量训练经验的人可以增加到1RM的80%或更高。在强度、重复次数或频率上要循序渐进。

源自: American College of Sports Medicine, *ACSM's Guidelines for Exercise Testing and Prescription*, 10th ed. (Philadelphia: Wolters Kluwer, 2018), 168.

训练与练习

仅通过改变阻力水平、重复次数和练习的速度，就可以定制一套强化训练计划，以满足减重、塑身和一般体能训练的需要，或者改善运动的速度、爆发力和敏捷性。例如，利用较高阻力且重复次数少的训练可以增大肌肉尺寸和增强爆发力，而使用较低阻力且重复次数多的训练可能有助于保持苗条的身材。根据目标选择训练量（组数和重复次数）和强度（阻力水平或弹力带的颜色）。

因为弹性阻力强度呈线性增长，所以很难在使用弹性阻力时确定一个具体的1RM的百分比。应该使用运动强度与运动自觉（Rating of Perceived Exertion，RPE）量表来监控使用弹力带或弹力绳的训练强度。博格（Borg）量表和OMNI-RES量表（见图3.1）是两个常用的RPE，用来测量抗阻训练中的用力程度。例如，你可以利用这些量表来实现USHHS活动指南中保持"中等强度"的要求，"中等强度"在博格量表中是12~14，在OMNI-RES量表中是5~7。

最近一项研究表明OMNI-RES量表可被用于弹性阻力训练，其产生的力量增加效果与等张负重训练相似（Colado and Triplett, 2008）。此外，研究者利用OMNI-RES量表验证了一项专门针对弹性阻力强度的主观用力程度的量表，被称为RISE（Resistance Intensity for Strengthening with Elastics）量表（Colado et al., 2012; Colado et al., 2018）。

安全第一

- 每次使用前检查弹力带或弹力绳，尤其是物体上的固定点。如果发现任何的划痕或缺口，请更换一根。
- 确保弹力带或弹力绳固定点的安全（如利用牢固紧闭的门，确保向开门的反方向拉动）。
- 缓慢、有控制地完成练习，勿让弹力带或弹力绳迅速弹回。
- 在使用弹力带和弹力绳的时候，避免接触尖锐的物体，包括首饰和指甲。
- 不要直接朝着脸部方向拉动弹力带或弹力绳。
- 在进行练习时，弹力带或弹力绳可能会朝着脸部迅速弹回，请保护好眼睛。
- 请勿把弹力带或弹力绳拉长至超过其静息长度的3倍（例如，不要把一根2英尺长的弹力带拉到超过6英尺）。
- 如果对乳胶过敏，应该使用不含乳胶成分的弹力带或弹力绳。

RISE量表不再使用数字来评定用力程度，而是使用与OMNI-RES量表相似的描述性术语和插图（见图3.2）。

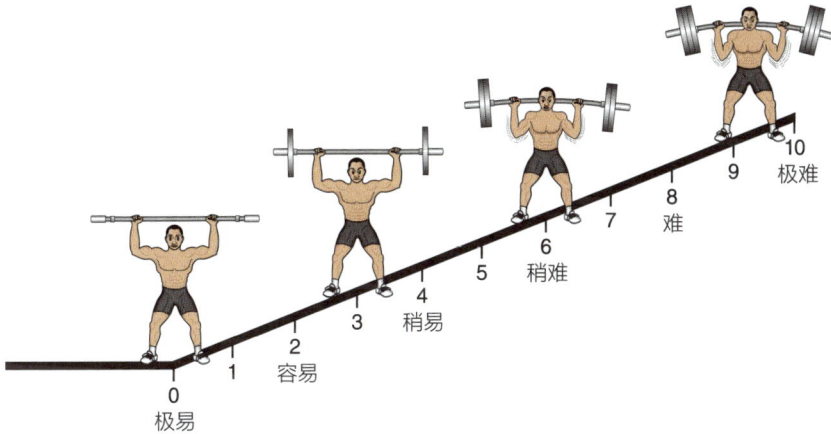

图3.1 OMNI-RES量表

经作者允许。源自：R. J. Robertson, *Perceived Exertion for Practitioners: Rating Effort With the OMNI Picture System* (Champaign, IL: Human Kinet- ics, 2004), 144.

图3.2 RISE量表

使用经美国运动表现健康公司的允许。

弹性阻力训练计量表（见表3.1）可能有助于确定你的练习强度水平。第一列列出的每一个目标，第二列表示基于RISE量表的推荐强度，第三列表示使用多重RM强度应该进行的重复次数。多重RM强度是指可以重复具体次数的阻力量。例如，3~6RM强度是指只能被重复3~6次的阻力。

请从较低的阻力开始训练计划，强调正确的形态和动作。缓慢且有控制地执行动作，重视动作中消极的部分（离心或返回过程），不要让弹力带快速地回弹至静息位置。不恰当的动作通常会导致关节损伤和疼痛。不要忘记充分锻炼对应部分的肌肉，身体前

表3.1 弹性阻力训练计量表

目标	强度（RISE量表）	量（多重RM）
力量和爆发力	最大	3~6
高强度耐力和速度	困难	8~12
低强度耐力	中等	15~20

部和后部的肌肉都要得到锻炼。例如，进行一次卧推的同时应该完成一次坐姿划船以平衡肩部肌群。与任何练习计划一样，建议进行适当的热身和放松。

正确的姿势和呼吸

在每个动作的前、中、后期保持良好的身体姿势，保持正确的脊柱位置是很重要的。即使只是在做肩部练习的时候，也必须保证下背部和髋部良好地排列，这是保持肩部肌肉工作的稳定基础。本书中的大部分练习以站立的姿势进行是为了激活核心肌群并提高平衡能力。但是为了达到不同的效果，同一个动作可以以不同的姿势完成。例如，当进行一次卧推时，躺在凳子上比站着或坐在瑞士球上进行相同练习对核心肌群的激活水平更低。然而，在不稳定的平面上进行力量训练可能会降低力量的输出（Behm and Anderson, 2006）。

在本书中，我们更喜欢在练习中使用平衡的站立姿势（见图3.3）。一般而言，腰椎和颈椎应该处于中立位置，肩部向后下沉，腹部略微收缩，肚脐向内收，膝关节保持放松而不锁死，手腕位于中立位置。平衡的训练姿势可促进身体整体的稳定，从而提高核心肌群的激活水平。

核心稳定与正确的呼吸有关。一般建议在发力时呼气是为了避免在抗阻训练期间血压升高。然而，腹式呼吸可以增加腹内压，从而提供核心的稳定性。腹式呼吸发生在腹部扩充收缩的时候，而非胸部扩充收缩。在吸气的时候，腹部向外扩张，而不是胸部上提。在练习的离心（放松）阶段进行简单的腹式吸气将促进正确的呼吸（见图3.4）。例如，在练习卧推的时候，下放负重时从腹部吸气，举起负重时从腹部呼气。

图3.3 平衡的站立姿势

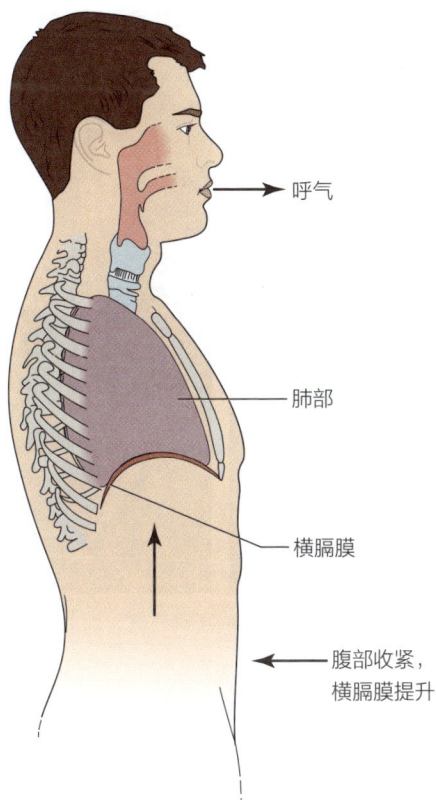

呼气

肺部

横膈膜

腹部收紧，
横膈膜提升

图3.4　呼吸中的横膈膜

质量与数量

　　因为这些练习增加了对全身肌肉和关节的要求，所以身体可能更容易疲劳，并可能在其他部位产生代偿的动作模式。考虑到这一点，我们提倡有质量的练习，而非一味要求数量。切记一点，力量训练不仅是建立在肌肉的基础上，而且还建立在运动记忆（神经系统信息）的基础上，这样才能获得正确的动作模式。因此正确的姿势和动作比训练总量要重要得多。

　　虽然整体姿势是关键，但弹力带与练习者之间的位置关系对练习来说也有巨大的影响。尤其是弹力带附着点的固定位置和随后的拉力线或阻力角度将影响整体的力量曲线以及练习的稳定性。通常在执行动作的时候，弹力带应该在运动平面内，且与肌纤维平行。例如，在进行单臂肱二头肌弯举时，弹力带应该在矢状面内与肱二头肌的肌纤维平行或在一条线上（见图3.5）。

图3.5 单臂肱二头肌弯举：a. 正确方式；b. 错误方式

进阶评估

利用强度指数（Strength Index）（Topp et al., 1998）量化弹性阻力训练的进步相对容易。在训练的过程中，如果在相同的阻力下重复次数增加，这是进阶的体现。强度指数可以反复测量涉及多关节和多平面的所有动作或功能性活动，可用于评估强度。

强度指数适用于特定品牌和类型的弹力带。例如，表3.2代表赛乐弹力带在练习中伸长率为100%（静息长度的2倍）时的强度指数。如果一名练习者完成10次拉长红色弹力带的练习，那么强度指数为37；如果使用绿色弹力带进行同样的练习10次，那么强度指数增加至46。根据厂商的生产规格，相同颜色的赛乐系列的弹力带、弹力绳和CLX弹力带具有相同的阻力（红色的弹力绳和弹力带在100%伸长率时的阻力为3.7磅）。

最近丹麦的研究者评定了赛乐CLX弹力带在肩部肌肉力量评估中的有效性和可靠性（Andersen et al., 2017）。研究者使用等距测力传感器测量肩部肌肉的最大力量。他们让健康的受试者使用CLX弹力带进行站姿双侧肩外展至90度运动，并且逐渐增加CLX弹力带的阻力。他们的报告表明，CLX弹力带具有极好的有效性（ICC=0.96）和可靠性（ICC=0.99），这意味着弹性阻力可以有效且可靠地测量肩部力量，能为快速评估初始力量和量化进阶提供一个方便且价廉的方式。

表3.2　赛乐弹力带强度指数（100%伸长率）

重复次数	黄色	红色	绿色	蓝色	黑色	银色	金色
1	3	3.7	4.6	5.8	7.3	10.2	14.2
2	6	7.4	9.2	11.6	14.6	20.4	28.4
3	9	11.1	13.8	17.4	21.9	30.6	42.6
4	12	14.8	18.4	23.2	29.2	40.8	56.8
5	15	18.5	23	29	36.5	51	71
6	18	22.2	27.6	34.8	43.8	61.2	85.2
7	21	25.9	32.2	40.6	51.1	71.4	99.4
8	24	29.6	36.8	46.4	58.4	81.6	113.6
9	27	33.3	41.4	52.2	65.7	91.8	127.8
10	30	37	46	58	73	102	142

使用经美国运动表现健康公司的允许。

推进训练计划

随着力量、稳定性和协调能力的提升，练习计划也应随之推进。个人计划取决于个人的目标，力量训练计划的关键在于进阶。弹力带和弹力绳具备各种不同的阻力，可以根据力量训练的进展很轻松地增加阻力。随着力量和控制力的增强，可以逐渐增加练习的次数，以及通过使用下一种颜色的弹力带或弹力绳提高阻力水平。此外，你还可以从孤立的动作，如侧平举（见第5章），进阶到更综合的动作，如运动专项动作（见第12章和第13章），从而模仿更多的功能性动作。

开始锻炼时的注意事项

- 如果你有任何疾病状况或担忧，在得到医疗服务人员的同意后再进行抗阻练习。
- 如果你有慢性肌肉骨骼疼痛，在开始力量训练计划之前，你应该考虑去咨询物理治疗师或职业治疗师。
- 在开始任何尚未习惯的训练计划时，肌肉酸痛是不可避免的，几天后会自然消退。
- 如果训练后出现剧烈的酸痛超过3天，那么你应该联系医疗服务人员。

　　后续章节提供了为强化所有主要肌群和进行功能性活动的具体练习。每个练习都列出了目标肌肉，以及正确动作的指导和提示。在增加阻力之前，确定自己可以正确地完成动作，最重要的是使用的阻力水平可以让自己完成目标，同时不出现过度疲劳或动作代偿。根据个人目标选择重复次数和阻力水平（训练量和强度）。本书中大部分的练习以站姿进行是为了增加躯干肌肉的激活程度以及改善平衡能力。

第 2 部分

弹性阻力练习
与训练

第4章

柔韧性

    练习前的热身和练习后的放松是训练计划中重要的组成部分。到目前为止，为了减少损伤发生和提高运动表现，人们普遍认为拉伸是练习前最好的热身方式。然而，研究表明，运动前的静态拉伸不一定能降低损伤，实际上可能会妨碍运动表现。如今我们提倡积极的热身，包括在肌肉活动范围内运用目标肌肉进行轻快的活动。虽然没有明确的研究证明拉伸可以预防损伤，但是拉伸依然是一个被大众接受的用于增加活动范围和功能灵活性的方法，尤其是作为训练后放松的一部分。

    在活动之前，利用较小的弹性阻力在活动范围内快速地重复可作为动态肌肉热身的一部分。例如，棒球投手经常使用低阻力的弹力绳做多次快速重复的肩关节内旋、外旋动作，作为其动态热身的一部分。增加肌肉中的血流量能提高柔韧性。

    弹性阻力可被用于协助多种类型的拉伸训练计划，对于包含预拉伸-收缩-拉伸的练习尤其有益。在拉伸肌肉之前进行肌肉收缩可以更有效地拉伸。研究表明，预拉伸-收缩比静态拉伸能更有效地增加肌肉长度和关节的活动范围。利用弹力阻力可以很容易地实现预拉伸-收缩-拉伸运动。肌肉收缩对抗弹力带的阻力，之后肌肉缓慢拉伸，从而增加肌肉长度和活动范围。例如，在拉伸之前，腘绳肌收缩对抗弹性阻力，最终使髋关节活动范围增加。预拉伸-收缩能帮助肌肉神经放松，提升肌肉温度，从而使肌肉变得更柔软、易于拉伸。

    在本体感觉神经肌肉促进疗法（Proprioceptive Neuromuscular Facilitation，PNF）的基础上，有几种不同的预拉伸-收缩-拉伸的方式。PNF技术是多年前由物理治疗师开发的一种用于神经系统损伤（如中风）患者的康复技术。PNF是一个通过本体感觉（对关节位置和动作的无意识感知）来利用神经系统控制肌肉的训练系统。物理治疗师利用手法和外部阻力，运用各种PNF技术来增加肌肉力量、改善动作模式、恢复肌肉长度。最近，一些PNF技术被用于非康复性拉伸训练中，尤其是运动员一直将这种技术作为他们热身运动的一部分。

    保持-放松拉伸是最受欢迎的PNF技术，其步骤包括：让关节达到最大的活动范围，最大限度地拉伸肌肉；然后，肌肉在没有关节运动的情况下收缩或等长收缩大约5秒的时间；在活动范围的末端放松，然后到达一个新的拉伸位置并保持10~30秒。这个过程重复3或4次。同样地，PNF技术包括在回到最终的拉伸位置之前在整个活动范围内移动关节（收缩肌肉）。

在进行PNF技术时，弹力带的阻力水平是重要的考虑因素。选择的阻力水平应该让你舒适地完成拉伸，同时也可以让肌肉得到收缩或关节得到移动。虽然在拉伸紧张的肌肉时会有不适感，但不应有疼痛感。记得在拉伸时保持正常呼吸，不要闭气。

以下的拉伸练习针对身体的不同部位，可作为整体拉伸计划的一部分。以下拉伸练习中的目标肌肉经常会出现紧张，并可能会导致肌肉失衡。

斜方肌上束拉伸

（a）双脚踩住弹力带的一端。被拉伸侧的手握住弹力带的另一端并保持弹力带拉伸，另一侧手越过头顶按住头部外侧，颈部屈曲。（b）被拉伸侧的手保持肘关节伸直，向上耸肩，向天花板方向拉动弹力带并吸气。（c）保持2~6秒，然后呼气，让弹力带回缩，带动肩部回到起始姿势。

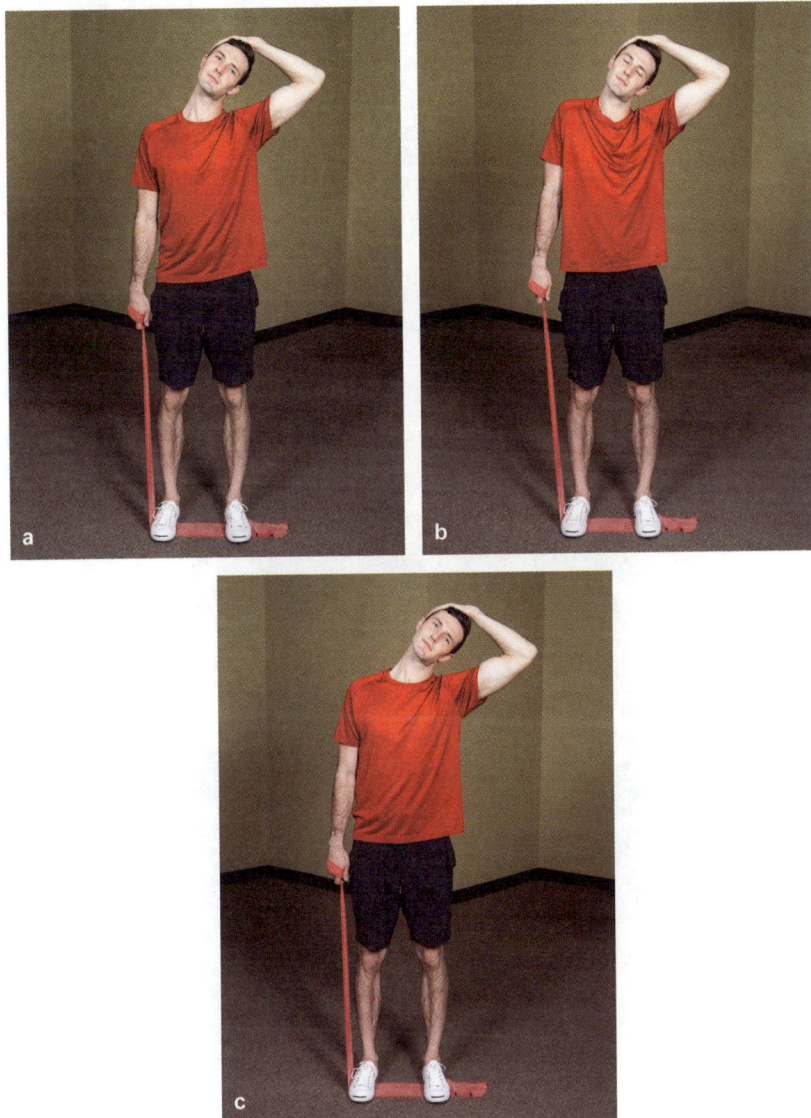

胸大肌拉伸

（a）让弹力带从上背部绕过，双手分别握住弹力带的两端，双臂对抗弹力带阻力向身体两侧伸展。（b）将弹力带的两端向胸前拉动，保持2~6秒。（c）呼气，缓慢地将双臂向身体后方拉动。

肩关节外旋

（a）将弹力带的一端固定在靠近头部的桌子或床下。仰卧，肘关节屈曲90度，在肩部高度外旋。（b）对抗弹力带阻力内旋手臂，肘关节保持屈曲，保持2~6秒。（c）呼气，缓慢地让弹力带回缩，带动手臂外旋，拉伸肩关节前侧。

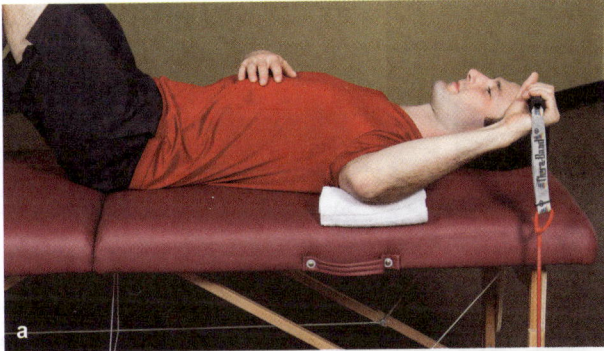

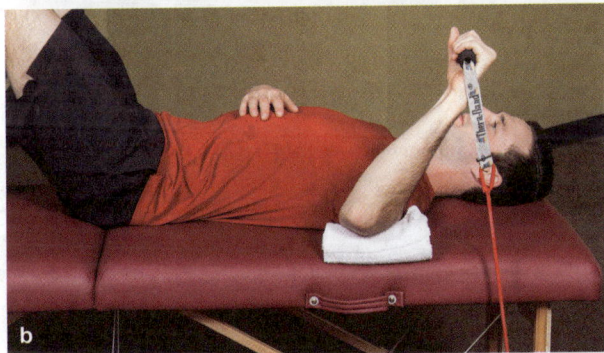

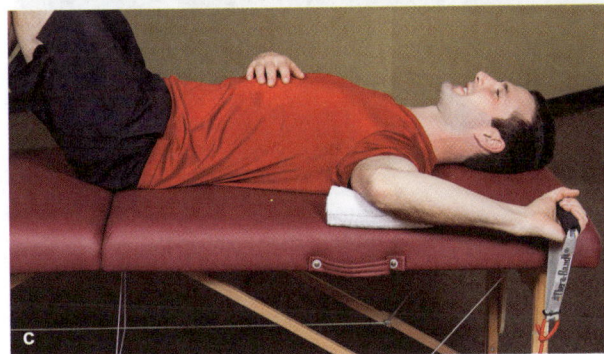

柔韧性

肩关节内旋 / 肱三头肌拉伸

（a）站姿，一只手在头顶上方握住弹力带的一端，另一只手在背部握住弹力带，保持弹力带拉伸。（b）背部的手臂姿势保持不变，上方的手臂向头部上方伸展肘关节，然后保持2~6秒。（c）呼气，背部的手臂向下拉，让上方手臂的肘关节向下屈曲。再保持拉伸10~30秒。

屈髋肌（髂腰肌）拉伸

（a）把结成环的弹力带安全地固定在靠近地面的一个稳定物体上。仰卧在凳子或桌上，被拉伸侧的腿悬靠在凳子或桌子的边缘，将对侧腿的膝关节拉向胸部。（b）让成环的弹力带套在膝关节或大腿周围，然后吸气，稍微抬高被拉伸腿来对抗弹力带的阻力。（c）保持2~6秒后呼气，缓慢地让弹力带回缩，带动腿部回到起始姿势。

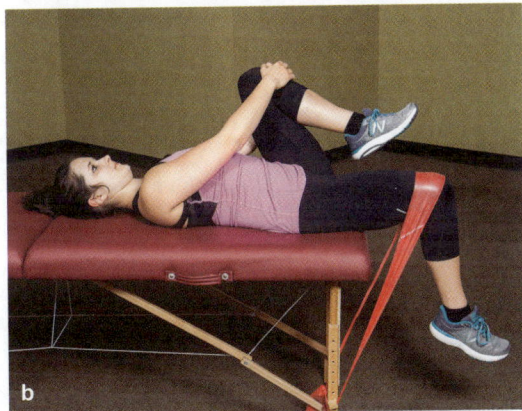

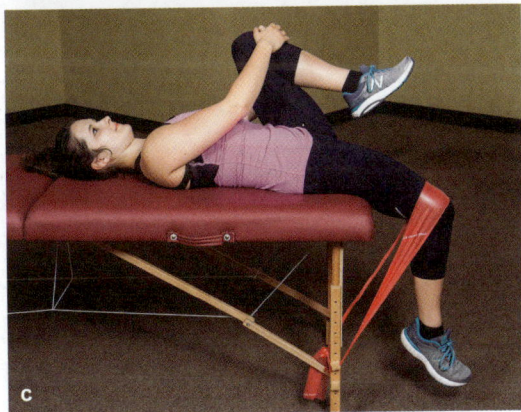

柔韧性

内收肌（腹股沟）拉伸

（a）将环状弹力带的末端固定在靠近地面的一个稳定物体上，将另一端套在被拉伸侧的脚上。坐姿，双腿分开，膝关节伸直，与弹力带形成夹角。（b）吸气，向内拉动腿部对抗弹力带的阻力。（c）然后缓慢地让弹力带回缩，带动腿部回到起始姿势，直到感觉腹股沟被拉伸，保持对抗弹力带的阻力。

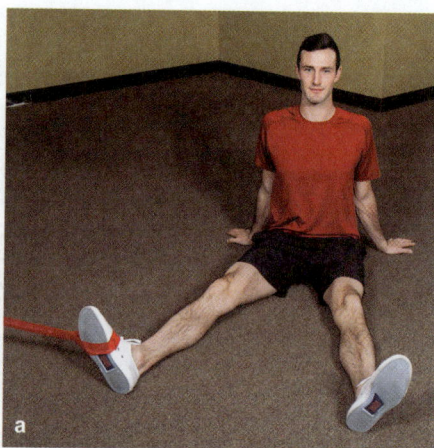

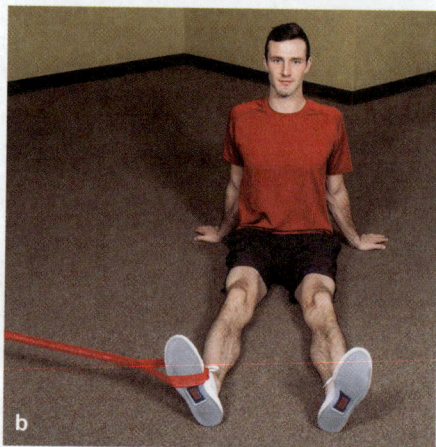

梨状肌拉伸

（a）仰卧，一侧（被拉伸侧）膝关节屈曲，踝关节放在另一侧膝关节上。将环状弹力带套在被拉伸侧膝关节的周围，另一侧的手握住环状弹力带。（b）吸气，保持弹力带紧绷，被拉伸侧膝关节稍微向下推。（c）保持2~6秒后，呼气，缓慢地让弹力带回缩，带动腿部回到起始姿势。然后，朝对角线方向拉动弹力带，移动膝关节至身体上方，直到臀部有强烈的拉伸感。再保持拉伸10~30秒。

柔韧性

股四头肌拉伸

（a）俯卧，将弹力带固定在被拉伸侧踝关节周围，该侧膝关节屈曲90度。一只手在肩部上方握住弹力带的另一端，或把弹力带的另一端固定在前方一个稳定的物体上。（b）吸气，伸膝对抗弹力带的阻力。（c）保持2~6秒后，缓慢地放松股四头肌，让膝关节屈曲至感到股四头肌被拉伸的位置。再保持拉伸10~30秒。

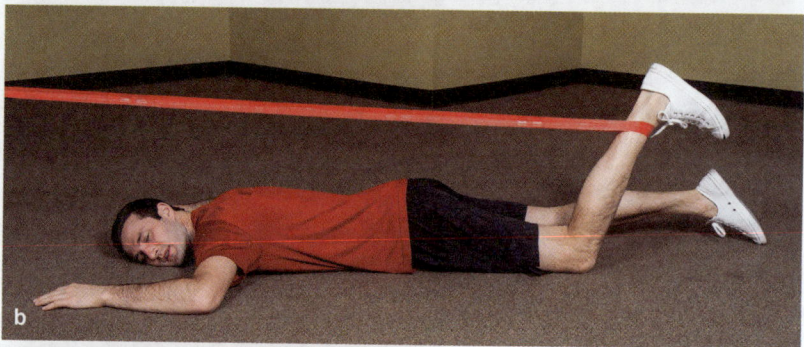

柔
韧
性

腘绳肌拉伸

（a）仰卧，将弹力带环绕在被拉伸侧的脚或踝关节上。另一侧的膝关节保持弯曲。被拉伸侧的腿向上伸展，双手握住弹力带两端，将腿部向头部方向拉动。（b）被拉伸侧的腿稍微向下移动，对抗弹力带的阻力，保持膝关节伸直。（c）保持2~6秒。呼气，缓慢地回到起始姿势，然后向头部方向拉伸腘绳肌。再保持拉伸10~30秒。

髂胫束拉伸

（a）侧卧，被拉伸侧的腿在上，对侧腿在下并屈曲膝关节。把一根长弹力带（或环状弹力带的中段）的两端系在桌子下面。将弹力带的中段套在被拉伸侧的膝关节周围。（b）被拉伸侧的膝关节保持伸直，大腿和膝关节向上移动，对抗弹力带的阻力，保持该姿势2~6秒。（c）呼气，被拉伸侧腿部向下移动，让弹力带拉伸髋部的外侧。再保持拉伸10~30秒。

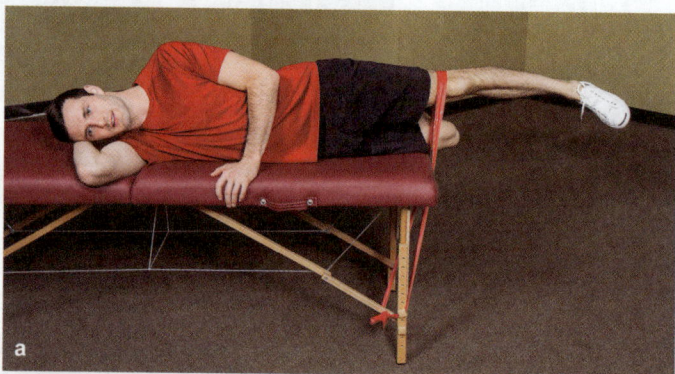

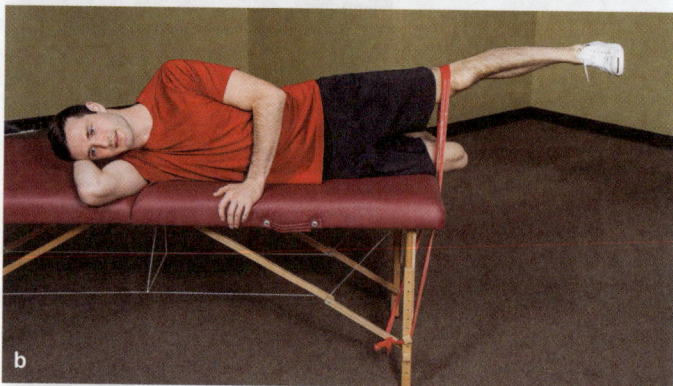

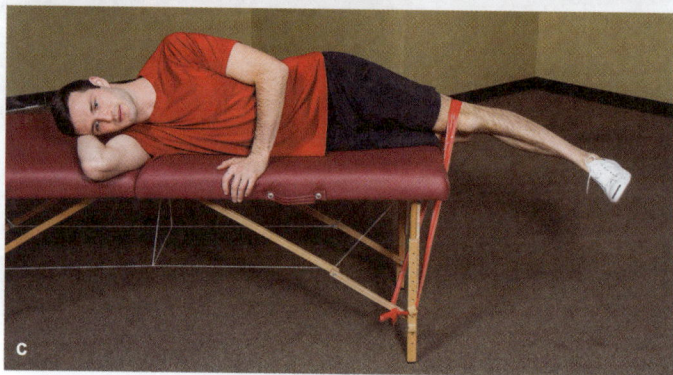

腓肠肌和比目鱼肌拉伸

（a）坐姿，双腿伸直。将弹力带的中段套在被拉伸侧的脚上。双手握住弹力带的两端，向头部方向拉动。(b)被拉伸侧的脚轻轻向下移动，对抗弹力带的阻力，膝关节保持伸直。(c)保持2~6秒后，呼气，缓慢地朝着身体方向拉动弹力带。再保持拉伸10~30秒。

为了孤立比目鱼肌，膝关节略微弯曲进行相同的拉伸动作，而非伸直膝关节。

柔韧性

39

第5章

关节与肌肉孤立训练

孤立的关节训练可能是弹性阻力训练中最流行的形式。通常这些练习涉及单一关节在单一方向上的运动，目标是使关节稳定和预防特定肌肉的过度损伤。大多数练习常被用于康复训练。

肌肉强壮和关节稳定往往是执行简单动作及更多复合动作的基础。"链条的牢固程度取决于最薄弱的环节。"这句话的道理也适用于人体动力链或动作链。一连串的动作受限于最虚弱的肌肉，或环节中最不稳定的关节。

弹性阻力对肩关节的练习很有效。肘关节、手腕也可以用弹力带和弹力绳进行锻炼，下肢的髋关节、膝关节、踝关节一样也可以。肌肉的抗阻训练能使上肢和下肢的关节稳定。需要注意的是，一般而言，最好对身体两侧的相同关节进行练习。与本书中其他内容一样，除非另有说明，本章介绍的练习应该使用标准长度的弹力带或弹力绳。

肩关节

侧平举

三角肌中束

（a）站姿，一只脚略微地站在另一只脚的前面，前脚踩住弹力带或弹力绳的中段。双手握住弹力带的两端，在前脚两侧向上拉动弹力带。（b）手臂从身体两侧拉动弹力带到肩部高度，肘关节保持伸直。缓慢地回到起始姿势。

变式

左右手臂交替抬起。

技术提示

肩胛骨保持下沉。动作过程中避免耸肩。保持腹部收紧和手腕伸直。

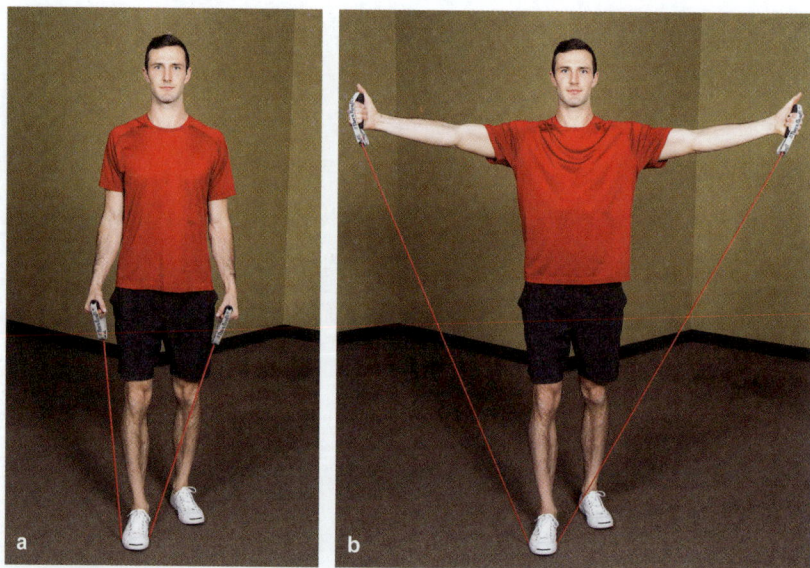

小提示

拇指朝上还是朝下

该练习又被称为满罐。最初是以拇指朝下进行的，这被称为空罐。然而，研究人员建议以拇指朝上进行练习，因为在相同肌肉激活水平下可以减少产生肩关节撞击综合征的风险（Thigpen et al., 2006）。

肩关节

前平举

三角肌前束

（a）采用交错站位站立，一只脚略微地站在另一只脚的前面。前脚踩住弹力带或弹力绳的中段，双手握住弹力带的两端。（b）向身体前方拉动弹力带至肩部高度，肘关节保持伸直。缓慢地回到起始姿势。

变式

左右手臂交替抬起。手掌向上可以更多地激活肱二头肌。

技术提示

肩胛骨保持下沉，动作过程中避免耸肩。不要弓背，保持背部直立、腹部收紧、手腕伸直。

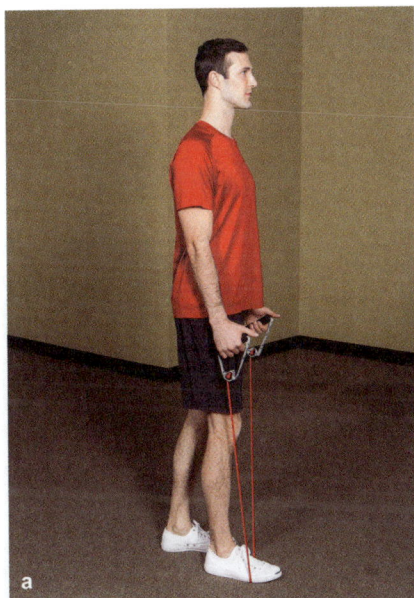

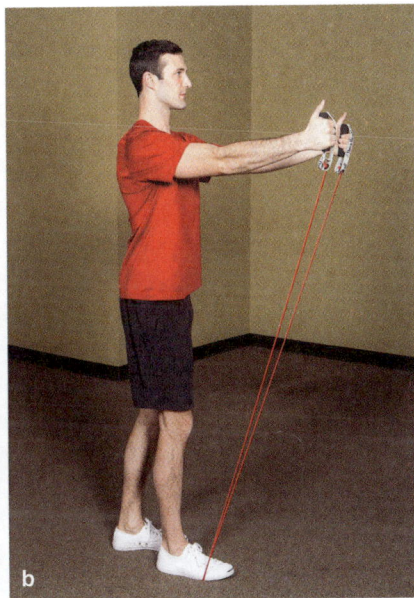

肩关节

肩胛骨练习

三角肌；肩袖肌群，尤其是冈上肌

（a）站立，一只脚略微地站在另一只脚的前面。前脚踩住弹力带或弹力绳的中段。双手握住弹力带或弹力绳的两端，然后将双臂向身体前方移动，大约与身体呈30度角。（b）双臂向上抬起至肩部高度。保持拇指朝上，肘关节伸直。缓慢地回到起始姿势。

变式

左右手臂交替抬起。确保在肩部高度停止。

技术提示

肩胛骨保持下沉，运动过程中避免耸肩。不要弓背，保持背部直立，保持腹部收紧、手腕伸直。

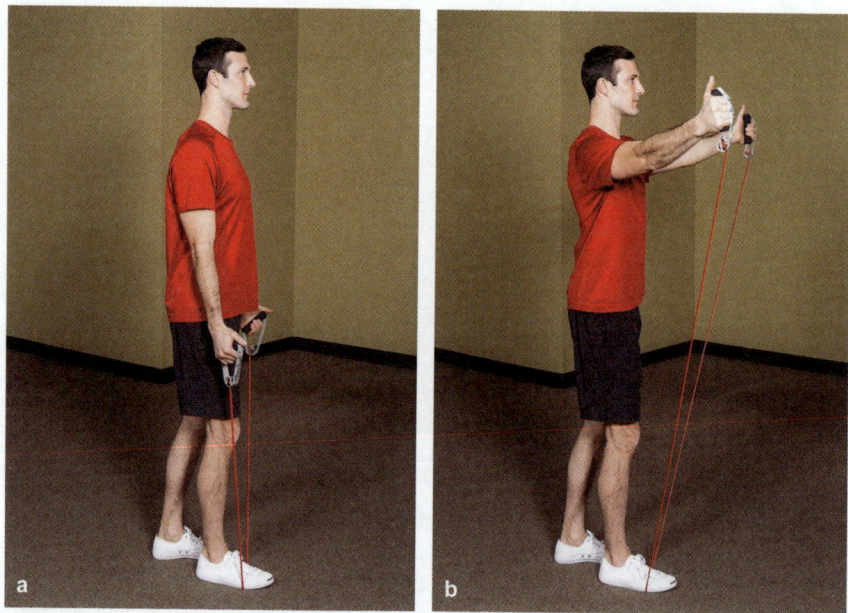

小提示

减少肩部和颈部疼痛的练习

研究人员发现，持续12周，每周5天，每天2分钟进行这项练习将明显减轻办公室职员肩部和颈部的疼痛（Andersen et al., 2011）。

肩关节

单侧肩关节内旋

肩袖肌群，尤其是肩胛下肌

（a）将弹力带的一端固定在稳定的物体上，站在物体旁边；使运动侧的手臂靠近该物体，手握住弹力带的另一端，肘关节在体侧屈曲90度，前臂与地面平行。（b）拉动弹力带远离附着点。缓慢地回到起始姿势。

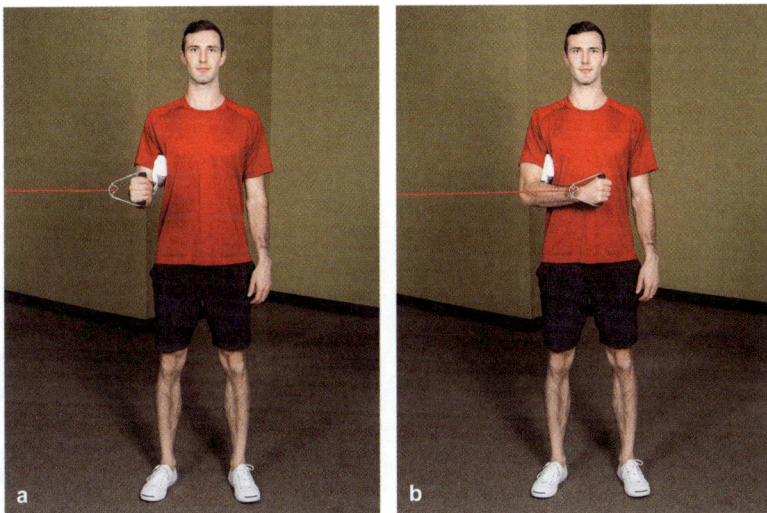

关节与肌肉孤立训练

变式

- 手掌打开，利用环状弹力带进行该项练习。
- 在手臂内侧可以选择放一个毛巾卷或枕头。

技术提示

不要耸肩。手腕保持伸直。肘关节保持屈曲90度，不要通过伸展肘关节或手腕来完成动作。躯干保持不动，不要通过旋转躯干来完成动作。

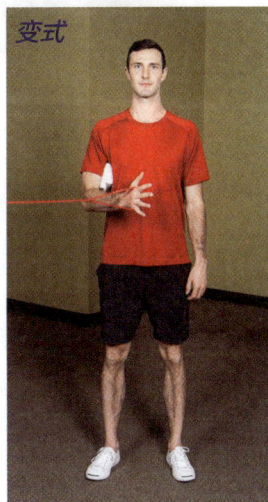

变式

> **小提示**
>
> *枕边细语*
>
> 研究人员表示，运动过程中在手臂和躯干间放一个枕头或毛巾卷可能有助于血液最大限度地流向肩袖肌群，并提高肩袖肌群的激活水平（Reinold et al., 2004）。

肩关节

单侧肩关节外旋

肩袖肌群，尤其是冈下肌

（a）将弹力带的一端固定在稳定的物体上，站在物体旁边，使非运动侧的手臂靠近该物体，运动侧的手握住弹力带的另一端，肘关节在体侧屈曲90度，前臂与地面平行。（b）拉动弹力带远离附着点。缓慢地回到起始姿势。

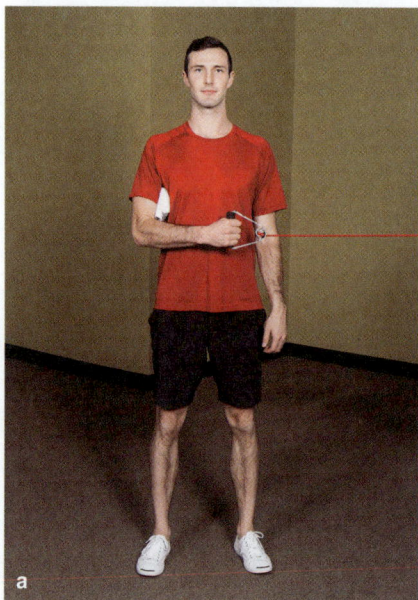
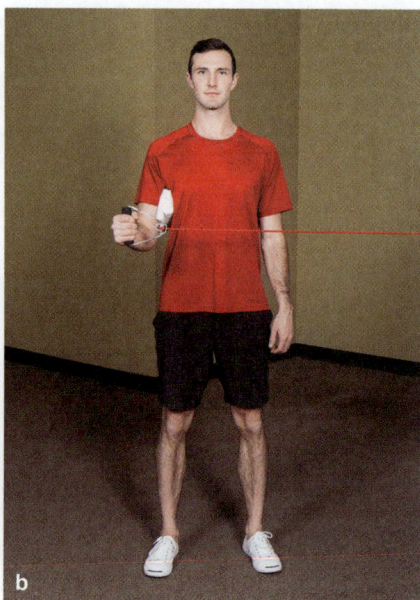

变式

- 手掌打开，使用环状弹力带进行这项练习。
- 在手臂内侧可以选择放一个毛巾卷或枕头。

技术提示

不要耸肩。手腕保持伸直。保持肘关节屈曲90度，不要通过伸展肘关节或手腕来完成动作。躯干保持不动，不要通过旋转躯干来完成动作。

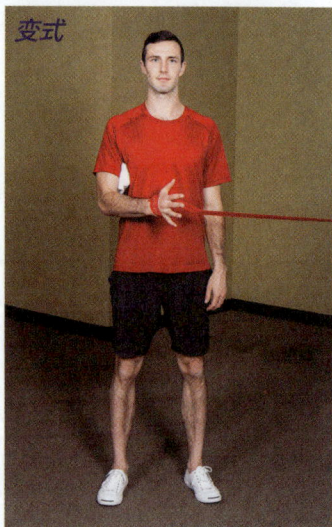

变式

肩关节

锯肌拳击

前锯肌，三角肌前束

（a）将弹力带的一端固定在稳定的物体上。运动侧的手在肩部高度握住弹力带的另一端，肘关节伸直。（b）保持躯干稳定，以冲拳方式向前移动肩部，让被手握住的这一端远离附着点。缓慢地回到起始姿势。

变式

将环状弹力带的中段环绕在上背部进行这项练习。双手分别在肩部高度握住弹力带的两端，向前推弹力带，保持肘关节伸直。

技术提示

不要耸肩。在整个练习中保持肘关节伸直。练习期间，不要旋转躯干。

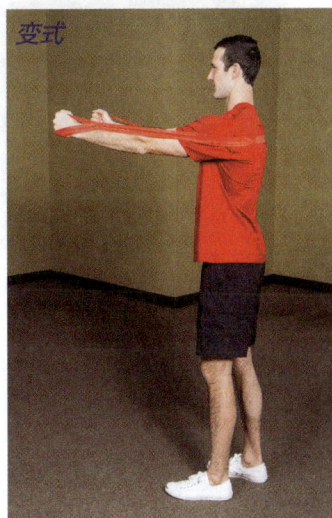

肘关节与手腕

肱二头肌弯举

肱二头肌

（a）站姿，一只脚站在另一只脚的前面，前脚踩住弹力带或弹力绳的中段。肘关节靠近身体两侧，双手掌心朝上分别握住弹力带的两端。（b）屈曲肘关节，向上拉起弹力带。缓慢地回到起始姿势。

变式

左右手臂交替进行。

技术提示

不要耸肩。保持肩关节和肘关节稳定。背部保持直立，不要向后倾斜。保持腹部收紧。手腕伸直，不要为了完成动作而屈曲手腕。

关节与肌肉孤立训练

肘关节与手腕

肘关节伸展

肱三头肌

（a）将弹力带的中段固定在高于头部的稳定物体上。面朝附着点，双手握住弹力带的两端，肘关节在体侧屈曲。（b）肘关节靠近身体两侧，向下伸直。缓慢地回到起始位置。

变式

将弹力带的中段环绕于颈部，双手握住弹力带的两端，肘关节屈曲。向身体两侧伸展肘关节，然后缓慢回到起始姿势。

技术提示

保持肩关节和肘关节稳定。背部保持直立，不要为了完成练习而向前倾斜。保持腹部收紧，手腕伸直。

变式

肘关节与手腕

手腕屈曲

屈腕肌群

（a）坐姿，双膝弯曲。一只脚踩住弹力带的两端。利用非运动侧的手将运动侧的前臂固定在大腿上。运动侧的手掌心向上握住弹力带。（b）运动侧的手腕向上屈曲，然后缓慢地回到起始姿势。重复几次后，换另一只手臂进行。

变式

以站姿且肘关节在体侧弯曲90度的方式进行练习，以增加肱二头肌的激活水平。

技术提示

练习期间，保持肘关节和前臂在一个方向上。不要为了完成练习而屈曲肘关节。

肘关节与手腕

手腕伸展

伸腕肌群

（a）坐姿，双膝弯曲。一只脚踩住弹力带的两端。利用非运动侧的手将运动侧的前臂固定在大腿上。运动侧的手掌心向下握住弹力带。（b）向上屈曲运动侧的手腕，然后缓慢地回到起始姿势。重复几次后，换另一只手臂进行。

变式

双手分开与肩同宽，掌心相对，双手握住弹力带的两端，同时向外伸展双手手腕。

技术提示

在练习期间，保持肘关节和前臂在一个方向上。

关节与肌肉孤立训练

肘关节与手腕

前臂旋后

旋后肌，肱二头肌

（a）坐姿，一只脚踩住弹力带的一端。一只手掌心朝下握住弹力带的另一端。（b）旋转前臂使掌心朝上。缓慢地回到起始姿势。

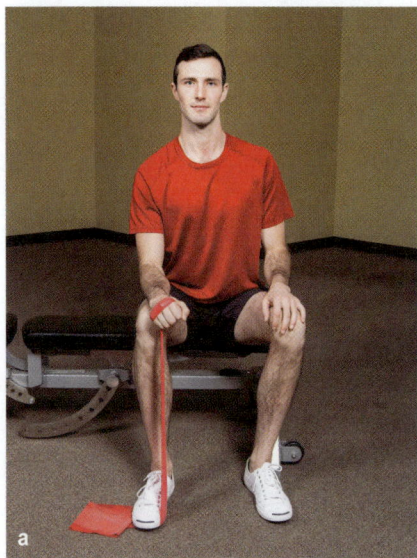

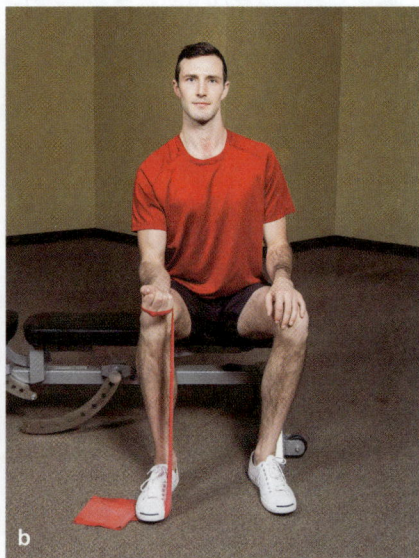

变式

双手握住弹力带，双手分开，大约与肩同宽，掌心相对。同时旋转前臂使双手掌心朝上。坐在瑞士球上以增加挑战难度。

技术提示

在练习期间，保持肘关节和前臂在一个方向上。不要利用肘关节来完成动作。

变式

关节与肌肉孤立训练

肘关节与手腕

前臂旋前

旋前圆肌

（a）坐在长凳上，双膝弯曲，双脚踩住弹力带的一端。一只手掌心向上握住弹力带的另一端。（b）旋转前臂使掌心朝下。缓慢地回到起始姿势。

变式

以站立的姿势且肘关节在体侧屈曲90度的方式进行练习。

技术提示

在练习期间，保持肘关节和前臂在一个方向上。不要利用肘关节来完成练习。

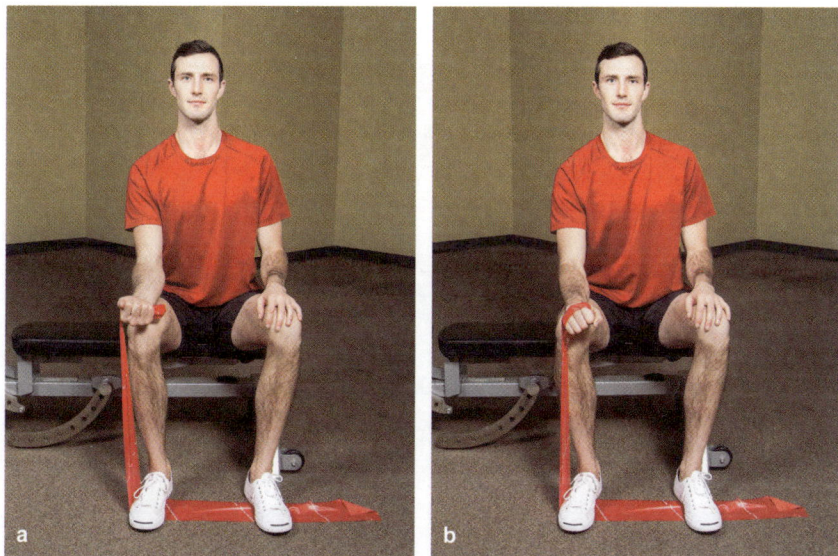

关节与肌肉孤立训练

肘关节与手腕

尺骨偏移

前臂屈肌和伸肌

（a）坐在长凳上，一只脚踩住弹力带的一端。一只手掌心朝内握住弹力带的另一端，肘关节位于体侧。（b）保持肘关节稳定，手腕向后移动。缓慢地回到起始姿势。

变式

以站姿进行练习。

技术提示

在练习期间，保持肘关节和前臂在一个方向上。不要利用肘关节来完成练习。不要伸展肩部，保持肩部不动。

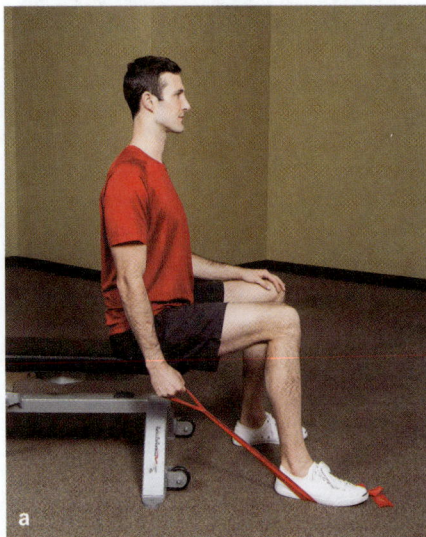

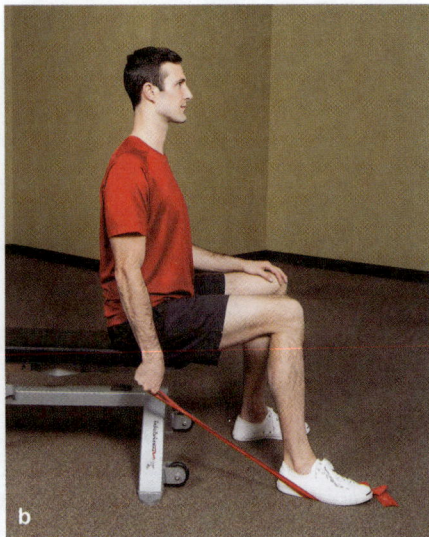

肘关节与手腕

桡骨偏移

前臂屈肌和伸肌

（a）坐在长凳上，一只脚踩住弹力带的一端。用非运动侧的手将运动侧的前臂固定在大腿上。运动侧的手握住弹力带的另一端，拇指朝前。（b）保持肘关节稳定，运动侧的手腕向上移动。缓慢地回到起始姿势。

变式

以站姿进行练习。

技术提示

在练习期间，保持肘关节和前臂在一个方向上，不要利用肘关节来完成练习。

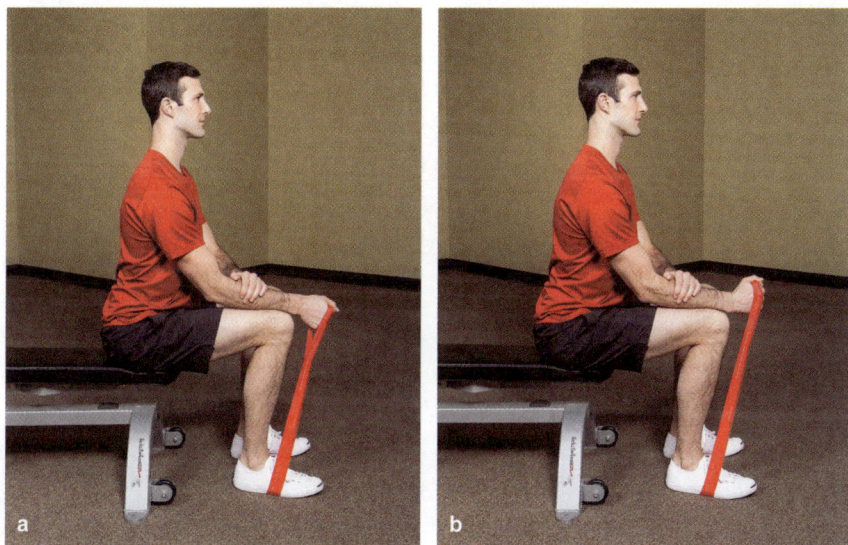

髋关节

髋关节内旋

髋关节旋转肌群

（a）将弹力带的两端固定在一个稳定的物体上。坐在椅子或长凳上，附着点靠近非运动侧。将弹力带的中段环绕在踝关节上。（b）对抗弹力带阻力向外旋转小腿。缓慢地回到起始姿势。

变式

将弹力带的两端固定在靠近地面的稳定物体上。附着点靠近非运动侧。将弹力带的中段环绕在踝关节上。站姿，运动侧的膝关节屈曲90度，小腿与地面平行并向外旋转，拉动弹力带中段远离附着点。缓慢地回到起始姿势。

技术提示

保持背部直立，避免弓背。避免髋关节屈曲。

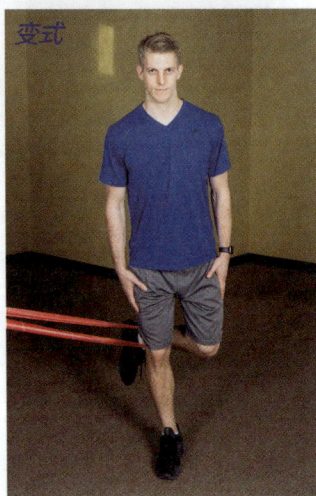

关节与肌肉孤立训练

髋关节

髋关节外旋

髋关节旋转肌群

（a）将弹力带的两端固定在稳定的物体上，坐在椅子或长凳上，附着点靠近运动侧，将弹力带的中段环绕在踝关节上。（b）对抗弹力带阻力向内旋转小腿。缓慢地回到起始姿势。

变式

将弹力带的两端固定在稳定的物体上。附着点靠近运动侧，将弹力带的中段环绕在踝关节上。站姿，运动侧的膝关节屈曲90度，小腿与地面平行并向内旋转，拉动弹力带中段远离附着点。缓慢地回到起始姿势。

技术提示

保持背部直立，避免弓背。避免髋关节屈曲。

关节与肌肉孤立训练

髋关节

髋关节屈曲

髂腰肌，股直肌

（a）将弹力带的中段环绕在踝关节上。非运动侧的脚踩住弹力带的两端（或者将弹力带的两端系在靠近地面的稳定的物体上）。（b）缓慢地向前摆腿，保持膝关节伸直。

变式

站在泡沫垫上以增加挑战难度。

技术提示

保持背部直立，避免弓背。保持腹部收紧。

> ### 小提示
>
> *异性相吸*
>
> 这个练习也可以激活非运动侧的支撑腿。右腿屈髋可激活左腿的腘绳肌（Hopkins et al., 1999）。

变式

髋关节

髋关节伸展

臀大肌

（a）将弹力带的中段环绕在踝关节上。非运动侧的脚踩住弹力带的两端（或者将弹力带的两端系在靠近地面的稳定物体上）。（b）缓慢地向后摆腿，保持膝关节伸直。

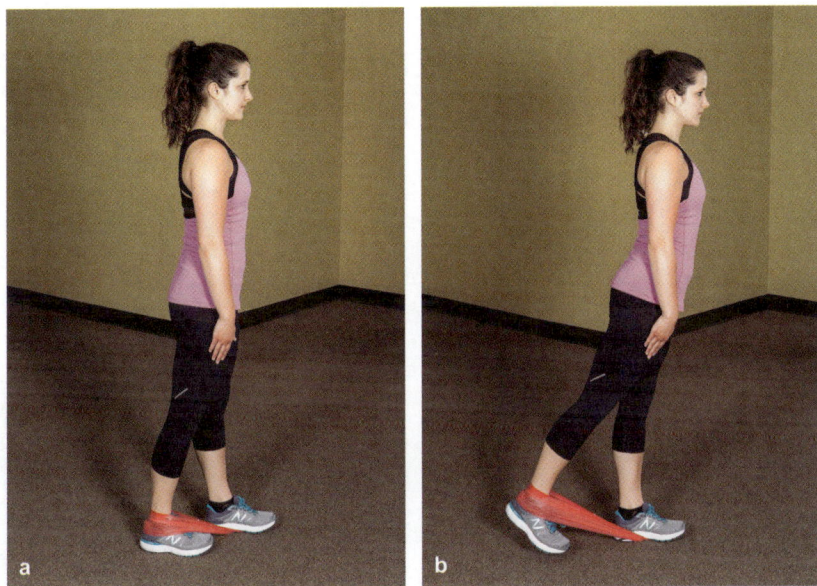

变式

站在泡沫垫上以增加挑战难度。

技术提示

保持背部直立，避免弓背。保持腹部收紧。

髋关节

髋关节外展

臀中肌

（a）将弹力带的中段环绕在踝关节上。非运动侧的脚踩住弹力带的两端（或者将弹力带的两端系在靠近地面的稳定物体上）。（b）缓慢地向外摆腿，保持膝关节伸直。缓慢地回到起始姿势。

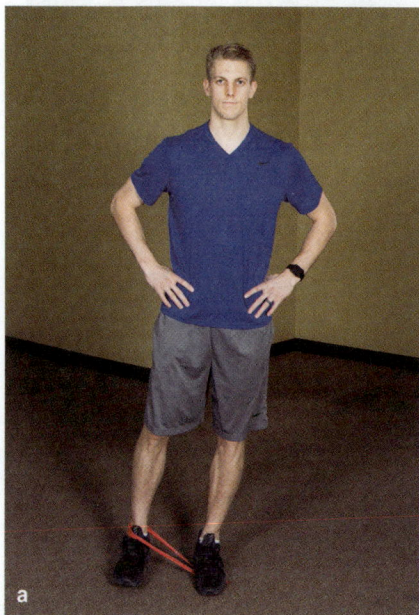

变式

站在泡沫垫上以增加挑战难度。

技术提示

保持背部直立，避免弓背。保持腹部收紧。

> **小提示**
>
> *比器械更好*
>
> 研究人员发现，与负重器械训练相比，弹性阻力训练更能激活髋部外展肌群（Brandt et al., 2013）。

关节与肌肉孤立训练

髋关节

髋关节内收

髋内收肌

（a）将弹力带的两端固定在靠近地面的稳定物体上。将弹力带的中段环绕在踝关节上。

（b）缓慢地摆腿跨过另一只脚，保持膝关节伸直。缓慢地回到起始姿势。

变式

- 保持膝关节伸直，向另一条腿（非运动侧的腿）的后侧摆腿。
- 站在泡沫垫上以增加挑战难度。

技术提示

保持背部直立，避免弓背。保持腹部收紧。

关节与肌肉孤立训练

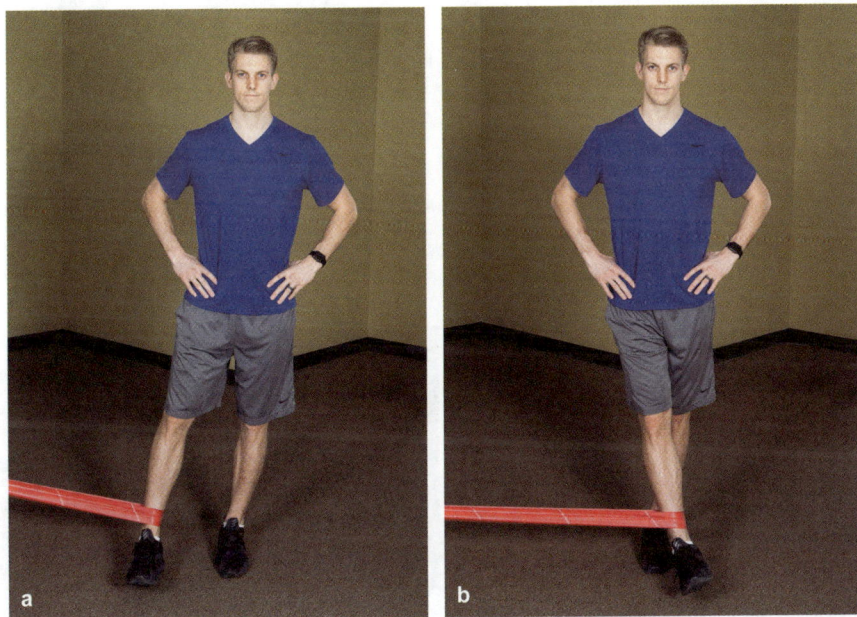

小提示

腹股沟踢

研究人员发现，该项练习可高度激活腹股沟肌群，有助于足球运动员减少损伤（Serner et al., 2014）。

膝关节

膝关节屈曲

腘绳肌

（a）将弹力带的两端固定在稳定的物体上。面对附着点坐在长凳上。将弹力带的中段环绕在踝关节上。（b）朝着臀部屈曲膝关节，然后缓慢地回到起始姿势。

变式

将弹力带的两端固定在与膝关节等高的稳定物体上。俯卧，头部远离附着点。将弹力带的中段环绕在踝关节上。开始时，膝关节屈曲以对抗弹力带阻力，向臀部方向拉动弹力带。然后缓慢地回到起始姿势。

技术提示

保持背部直立，避免弓背。腹部收紧。

小提示

和以前一样

有研究人员称，利用弹性阻力进行该项练习与使用负重器械进行练习产生的肌肉激活水平一样（Jakobsen et al., 2014）。

关节与肌肉孤立训练

膝关节

膝关节伸展

股四头肌

（a）把弹力带的两端固定在稳定的物体上。背对附着点，坐在长凳上。将弹力带的中段环绕在踝关节上。（b）伸展膝关节，然后缓慢地回到起始姿势。

变式

把弹力带的两端固定在与膝关节等高的稳定物体上。俯卧，头部靠近附着点。将弹力带的中段环绕在踝关节上。膝关节下面放一个毛巾卷或枕头。开始时，膝关节屈曲以对抗弹力带阻力，伸展膝关节直到小腿接近地面。然后缓慢地回到起始姿势。

技术提示

保持背部直立，避免弓背。腹部收紧。

小提示

还是和以前一样

有研究人员称，利用弹性阻力进行该项练习与使用负重器械进行练习产生的肌肉激活水平一样（Jakobsen et al., 2012）。

关节与肌肉孤立训练

膝关节

膝关节末端伸展

股四头肌，股内侧肌

（a）将弹力带系成环，把弹力带的两端固定在与膝关节等高的稳定物体上。面对附着点，将屈曲的膝关节置于环内并使弹力带保持张力。（b）缓慢地伸直、屈曲膝关节，在伸膝的时候拉伸弹力带。

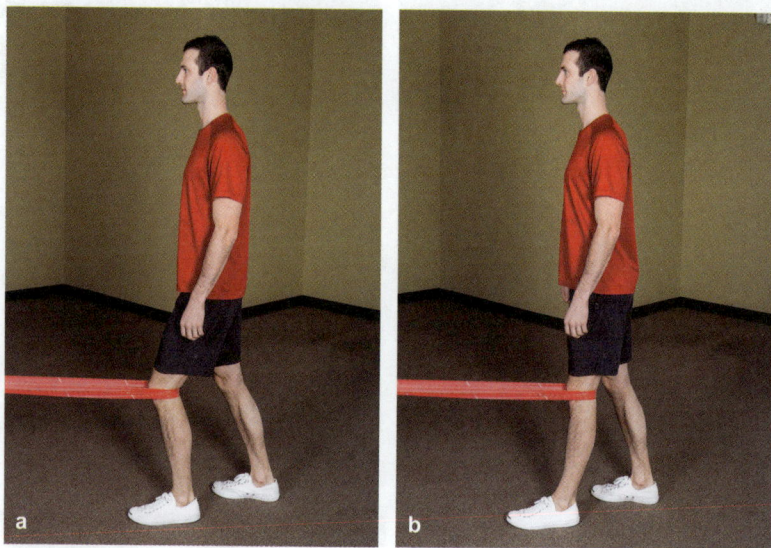

变式

- 单腿站立进行该练习。
- 站在泡沫垫上以增加挑战难度。

技术提示

确定弹力带缠绕在膝关节的上面，不要过度伸展膝关节。

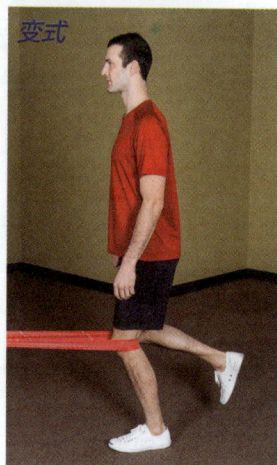

变式

小提示

并非VMO独有

VMO是指膝关节内侧上方连接髌骨的股内侧肌。利用弹性阻力进行迷你蹲练习，可提高VMO的激活水平，但是与股外侧肌相比，该项训练并不会选择性地激活VMO（Willett et al., 1998）。

踝关节

踝关节背屈

胫骨前肌

（a）双膝伸直，坐在地面上。将弹力带环绕在一只脚上，双手握住弹力带的两端。另一只脚（非运动侧）向下踩在弹力带上以稳定弹力带。（b）运动侧的踝关节对抗弹力带的阻力，向头部方向勾起弹力带。缓慢地回到起始姿势。

变式

以坐姿且膝关节屈曲的方式进行该练习。将弹力带环绕在一只脚上，另一只脚踩住弹力带以稳定弹力带。运动侧的踝关节向上抬起。缓慢地回到起始姿势。

技术提示

不要为了完成练习而让膝关节过度运动。

65

踝关节

踝关节跖屈

腓肠肌，比目鱼肌

（a）坐在地面上，一条腿的膝关节屈曲，另一条腿的膝关节伸直。将弹力带环绕在伸直腿的脚上，双手握住弹力带的两端。（b）伸直腿的脚下压对抗弹力带的阻力。缓慢地回到起始姿势。

变式

双膝略微屈曲以锻炼比目鱼肌。

技术提示

不要为了完成练习而使膝关节过度运动。

踝关节

踝关节内翻

胫骨后肌

（a）坐在地面上，一条腿的膝关节伸直。将弹力带环绕在伸直腿的脚上，另一条腿（非运动侧）交叉放在伸直腿的上方。将弹力带绕过上侧腿的脚底，双手握住弹力带的末端。（b）下侧的脚向内转动，远离另一只脚。缓慢地回到起始姿势。

变式

坐姿，使运动侧的脚放在对侧的膝关节上。将弹力带环绕在运动侧的脚上，另一只脚把弹力带的两端固定于地面。运动侧的脚朝头部方向向上抬起。缓慢地回到起始姿势。

技术提示

保持膝关节和髋关节稳定，不要为了完成练习而旋转腿部。

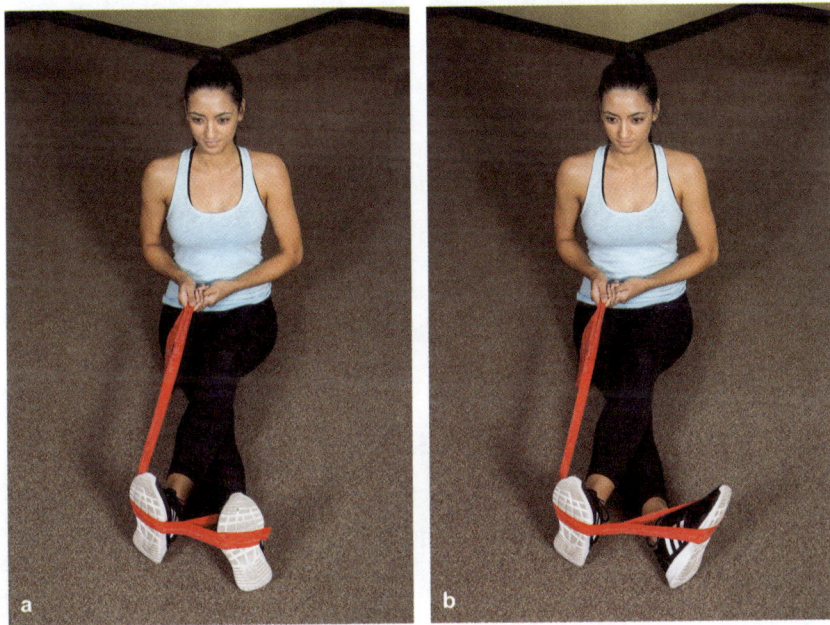

关节与肌肉孤立训练

67

踝关节

踝关节外翻

腓骨肌群

（a）坐在地面上，双膝伸直。将弹力带环绕在一只脚上，同时绕过非运动侧的脚底，双手握住弹力带的末端。（b）运动侧的脚向外转动，远离另一只脚。缓慢地回到起始姿势。

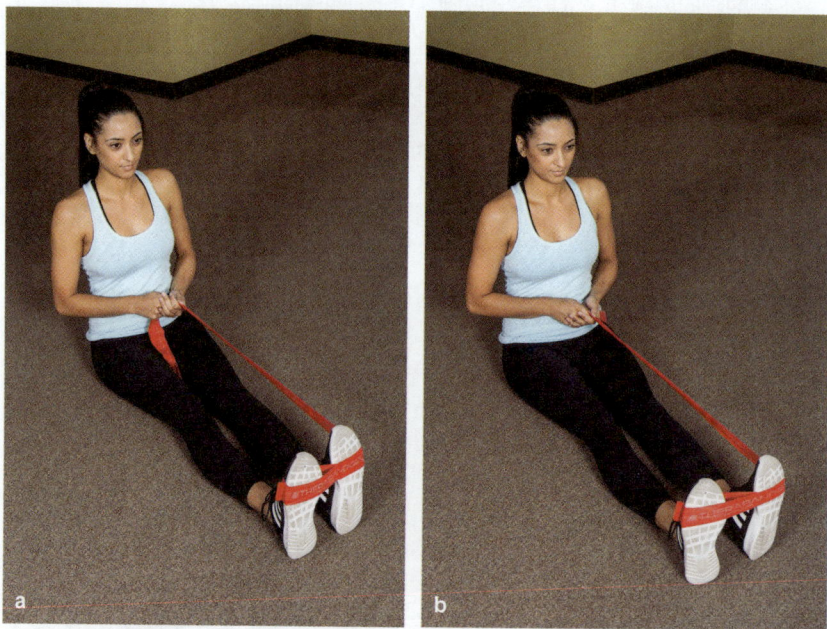

变式

坐在长凳上，双膝屈曲。将弹力带环绕在运动侧的脚上。对侧脚踩住弹力带用以稳定，双手握住弹力带末端。运动侧的脚向外转动，远离另一只脚。缓慢地回到起始姿势。

技术提示

保持膝关节和髋关节稳定，不要为了完成练习而转动腿部。

变式

第6章

上肢力量

在力量训练中，因为审美的原因，胸部是最可能被过度训练的身体部位之一。不幸的是，很少有运动员花时间训练上背部肌肉以平衡被过度锻炼的胸部肌肉。这种不平衡会导致不良的身体姿势，以及肩部和颈部问题。弹性阻力训练可以很容易地复制使用传统力量训练设备进行的常规练习，而且还允许以站姿完成训练，因此弹性阻力训练更加具有挑战性。强化胸部和上背部有助于预防或修复肩部和颈部损伤。另外，针对胸部和上背部的专项训练在涉及过顶投掷的体育项目中起重要作用，如棒球、垒球、网球和排球。强化胸部和上背部对搬运物品和做推拉动作具有功能性意义。为了保持肌肉平衡，强化对立肌群是很重要的。例如，一定要平衡上背部和胸部的练习。

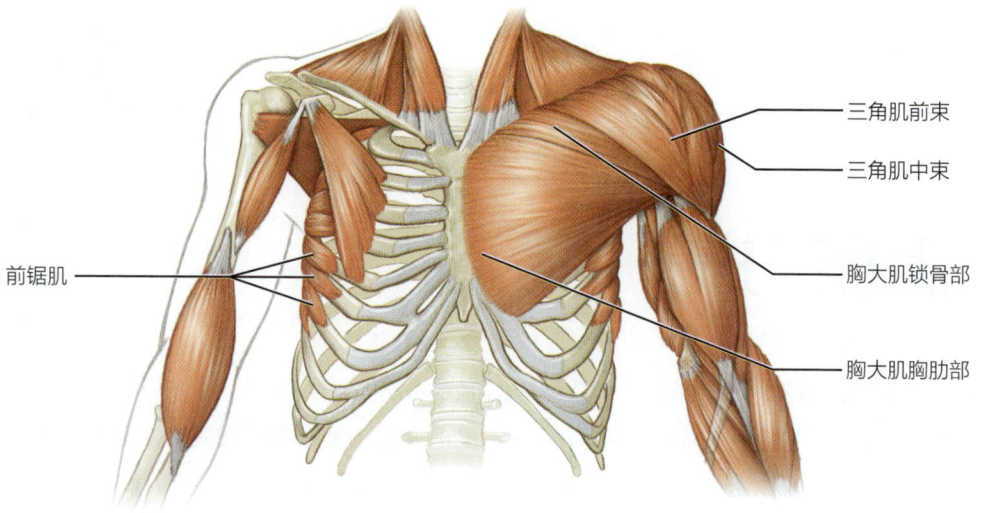

三角肌前束

三角肌中束

前锯肌

胸大肌锁骨部

胸大肌胸肋部

前侧

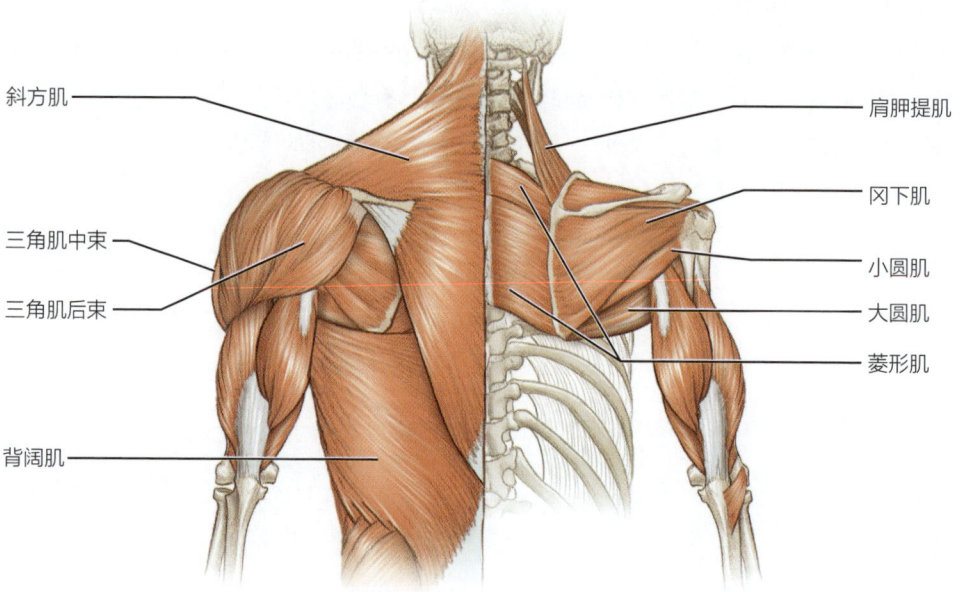

斜方肌

肩胛提肌

三角肌中束

冈下肌

三角肌后束

小圆肌

大圆肌

菱形肌

背阔肌

后侧

胸部和上背部的前后肌肉示意图

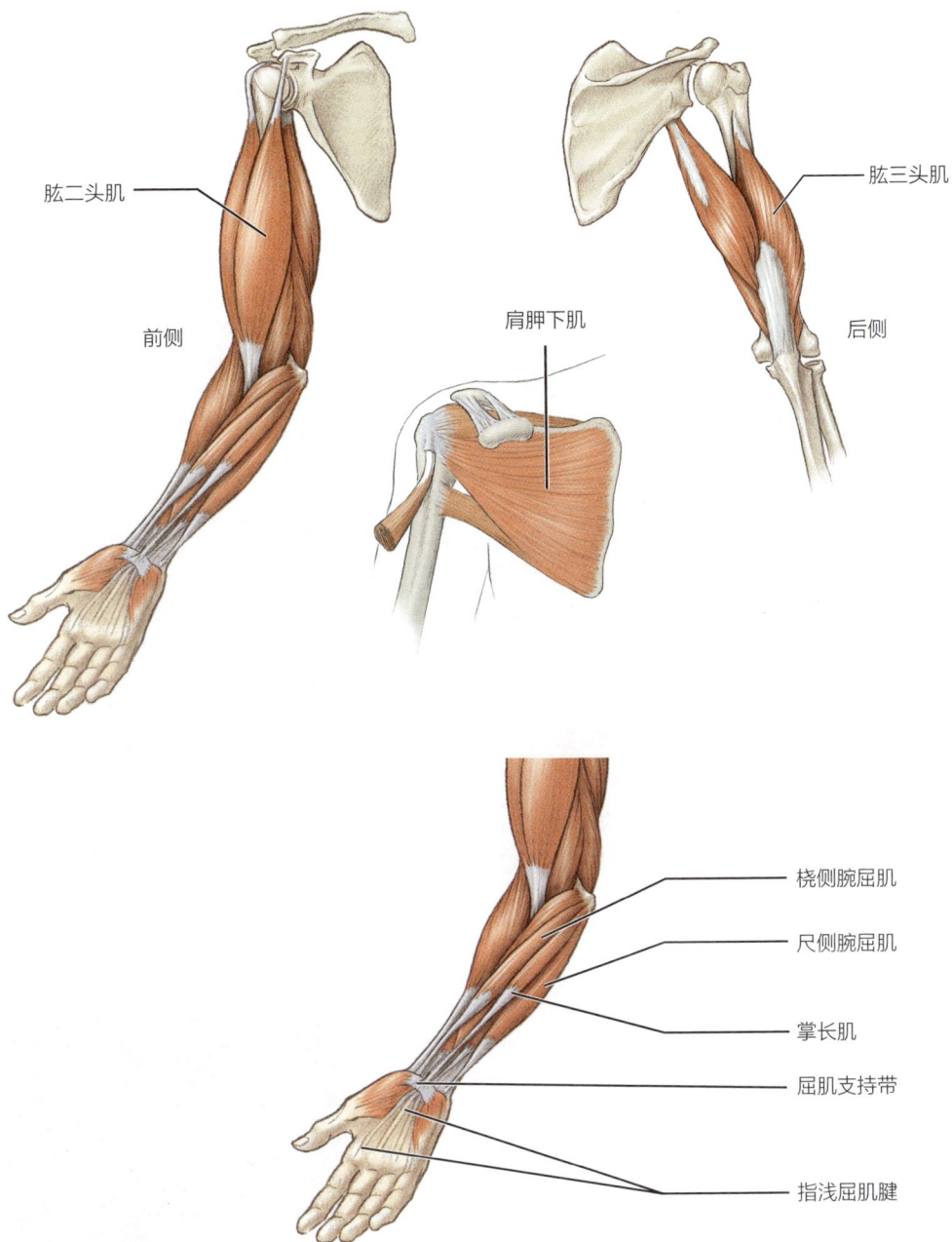

肱二头肌

前侧

肩胛下肌

肱三头肌

后侧

桡侧腕屈肌

尺侧腕屈肌

掌长肌

屈肌支持带

指浅屈肌腱

肩部和手臂的肌群

胸 部

胸前推

胸大肌，三角肌前束

（a）将弹力带的中段固定在稳定物体上，高度略微低于肩关节。背对附着点。采用交错站位，一条腿略微地站在另一条腿的前面以更好地支撑身体。双手与肩同高，握住弹力带的两端，肘关节屈曲。（b）肘关节伸直，向前推动弹力带。缓慢地回到起始姿势。

变式

- 改变弹力带附着点的高度，以完成上斜胸前推
  （附着点较低）或下斜胸前推（附着点较高）。
- 仰卧在长椅上进行该项练习。将弹力带绕过上
  背部，双手分别握住弹力带的两端，向上推动
  弹力带。

技术提示

肩胛骨保持下沉，运动过程中避免耸肩。保持背
部直立，不要弓背。腹部收紧，手腕伸直。

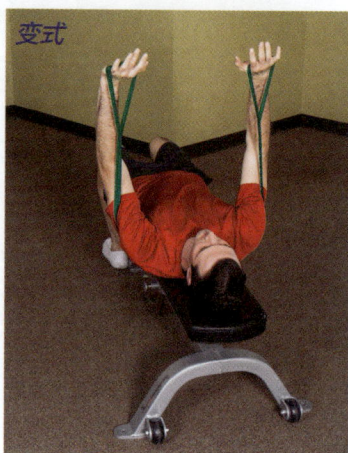

胸 部

胸部飞鸟

胸大肌，三角肌前束

（a）将弹力带的中段固定在与肩部同高的稳定物体上。背对附着点。采用交错站位，一条腿略微地站在另一条腿的前面以更好地支撑身体。双手分别在肩部高度握住弹力带的两端，肘关节向两侧伸直或接近伸直。（b）掌心相对，向内拉动弹力带。缓慢地回到起始姿势。

变式

改变弹力带附着点的高度，以进行上斜飞鸟（附着点较低）或下斜飞鸟（附着点较高）。

技术提示

保持背部直立，腹部收紧。避免弓背或圆肩。保持手腕伸直。

上肢力量

胸 部

俯卧撑

胸肌，肱三头肌

（a）在地面做好俯卧撑的准备。双手分别稳定弹力带的一端，将弹力带的中段绕过上背部并保持拉伸状态。（b）对抗弹力带的阻力，进行俯卧撑运动。

变式

用脚趾支撑（更难）或膝关节支撑（相对简单）进行该练习。

技术提示

保持背部直立，避免弓背。避免髋部下垂。

小提示

与卧推一样有效

利用弹力带进行俯卧撑练习对胸肌的激活水平与以1RM的70%进行杠铃卧推对胸肌的激活水平一样（Calatayud et al., 2014）。

胸 部

弹力带肩部俯卧撑

前锯肌

（a）让弹力带绕过上背部，双手套住弹力带。双膝和双手支撑于地面，双手分开略宽于肩。让前臂拉伸弹力带。（b）肘关节伸直，朝天花板方向推动上背部。保持肘关节伸直，躯干朝地面方向放松，保持背部和髋部伸直。

变式

用脚趾支撑（较难）进行该练习。

技术提示

保持背部直立，避免弓背。避免髋部下垂。

小提示

平衡翼状肩

将弹力带环绕在前臂上进行俯卧撑练习期间，在增加肩部等长水平外展的运动的同时可以降低胸小肌的激活水平，改善翼状肩患者肩胛肌群的平衡（Choi et al., 2017）。

胸　部

向前冲拳

三角肌前束，前锯肌

（a）将弹力带的中段固定在与肩部等高或略低的稳定物体上。背对附着点。采用交错站位，一只脚略微地站在另一只脚前面。肘关节屈曲，双手在体侧握住弹力带的两端。（b）肘关节伸直，向前推动弹力带。缓慢地回到起始姿势。

变式

左右手臂交替进行。

技术提示

保持背部直立，腹部收紧。避免弓背或圆肩。保持手腕伸直。

小提示

高效的训练

研究人员表明，向前冲拳的练习可以有效地激活肩胛肌群和肩袖肌群（Hintermeister et al., 1998）。

胸 部

仰卧上拉

胸肌，背阔肌

（a）将弹力带的中段固定在靠近地面的稳定物体上。仰卧在地面，双膝屈曲。双臂向上伸直，双手握住弹力带的两端。（b）保持肘关节伸直，朝髋部拉动弹力带。缓慢地回到起始姿势。

变式

左右手臂交替进行。

技术提示

保持背部直立，避免弓背。保持肘关节和手腕伸直。

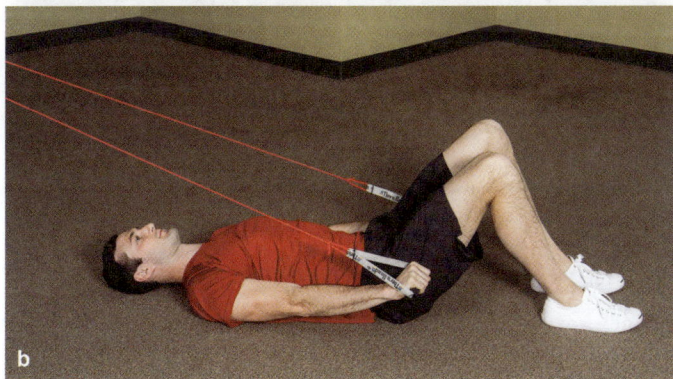

77

胸 部

动态环抱

前锯肌

（a）站姿，将弹力带的中段固定在高度接近肩部的稳定物体上，双手握住弹力带的手柄，双手与胸部等高或略低于胸部。肩部稍外展，肘关节屈曲。（b）双手同时向身体前方靠拢，就像拥抱某人一样。缓慢地回到起始姿势。

技术提示

在练习的最后阶段，确保肘关节屈曲，肩胛骨展开。颈部保持在中立位置，头部不要前移。

小提示

比冲拳更有效

研究人员表明，动态环抱比冲拳能更有效地激活前锯肌（Decker et al., 1999）。

上背部

坐姿划船

菱形肌，斜方肌中束

（a）坐在椅子或长凳上。将弹力带的中段固定在体前的稳定物体上。双手握住弹力带的两端，肘关节在体前伸直。（b）朝下侧肋骨拉动弹力带，屈曲肘关节。缓慢地回到起始姿势。

变式

- 改变弹力带拉向的位置，如朝髋部拉。
- 采用交错站位进行该训练。

技术提示

保持背部直立，避免弓背。保持腹部收紧。保持手腕伸直。

上肢力量

79

上背部

反向飞鸟

菱形肌，斜方肌中束

（a）将弹力带的中段固定在与肩同高的稳定物体上。面对附着点。采用交错站位，一只脚略微地站在另一只脚的前面。双手于肩部高度握住弹力带的两端，肘关节向前伸直。（b）保持肘关节伸直，向外拉伸弹力带的两端。缓慢地回到起始姿势。

变式

改变弹力带附着点的高度以进行上斜反向飞鸟（附着点较低）和下斜反向飞鸟（附着点较高）。

技术提示

保持背部直立，腹部收紧。避免弓背或圆肩。保持手腕伸直。

上背部

耸肩

斜方肌，菱形肌

（a）站姿，双手握住弹力带的手柄，将弹力带的中段固定在脚下。双臂自然地垂于身体两侧。保持双臂位于体侧，对抗弹力带阻力向上耸肩。（b）当到达完全耸肩位置时，双肩向后展，挤压肩胛骨。缓慢地向后落下双肩回到起始的放松姿势。

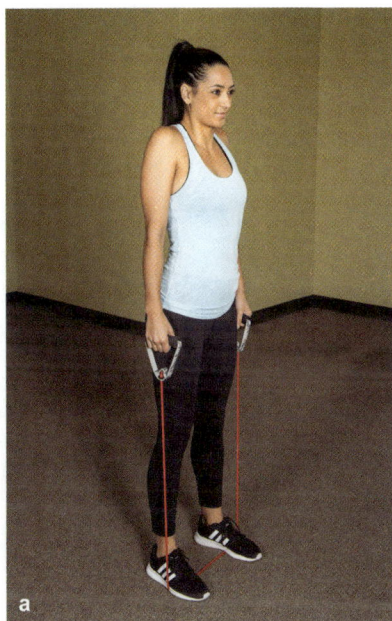

上肢力量

上背部

背阔肌下拉

背阔肌

（a）将弹力带的中段固定在高于肩部的稳定物体上。面对附着点。采用交错站位，一只脚略微地放在另一只脚的前面，双手在肩部上方握住弹力带的手柄，肘关节在体前伸直。（b）肘关节屈曲，双手将弹力带两端拉向胸部。缓慢地回到起始姿势。

变式

开始时，肘关节在肩部上方伸直。保持肘关节伸直的同时向下伸展手臂。

技术提示

保持背部直立，避免弓背，腹部收紧，手腕伸直。

小提示

与器械练习一样有效

研究人员发现，在进行下拉动作时，利用弹性阻力和运用绳索滑轮器械对肌肉激活的有效性是一样的（Iversen et al., 2017）。

上肢力量

上背部

俯身划船

菱形肌，斜方肌中束，背阔肌

（a）采用交错站位，一条腿在另一条腿的前面。前侧的脚踩住弹力带的中段。向前俯身，保持背部伸直。单手握住弹力带的一端，肘关节伸直。（b）肘关节屈曲，向上拉弹力带，直至手靠近躯干。缓慢地回到起始姿势。

变式

保持肘关节伸直进行该练习。

技术提示

保持背部直立，避免弓背或颈部屈曲。保持手腕伸直。

上肢力量

83

上背部

林顿式外旋

肩袖肌群，肩胛骨稳定肌群

（a）跪姿。一只手将弹力带或弹力绳中段固定于地面，保持弹力带的张力；另一只手握住弹力带或弹力绳的一端，前臂贴近腹部。（b）肩部外旋以开始练习，然后同时外展、伸直手臂。保持动作几秒，然后让肘关节回到体侧，接着缓慢地回到起始姿势。

变式

在动作的末端挤压肩胛骨，以更多地激活肩胛肌肉。

技术提示

整个练习期间，保持背部直立和颈部伸直。缓慢地回到起始姿势。

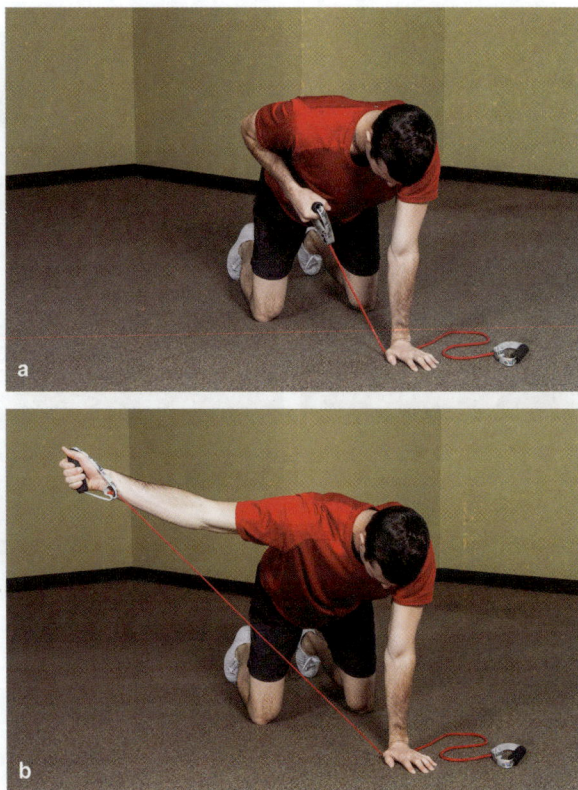

上背部

双侧伸展加后缩

菱形肌，三角肌后束，背阔肌

（a）将弹力带的中段固定在体前的稳定物体上。双手在髋部高度握住弹力带的两端，肘关节伸直。（b）对抗弹力带的阻力，让双臂向后伸展并挤压肩胛骨。缓慢地回到起始姿势。

变式

改变弹力带附着点的高度以进行上斜伸展后缩或下斜伸展后缩。

技术提示

保持背部和颈部伸直，不要为了完成练习向后倾斜躯干。在整个练习期间，保持肘关节伸直。

上肢力量

85

上背部

高位划船

菱形肌，斜方肌中束

（a）采用交错站位，一只脚在另一只脚的前面，以更好地支撑身体。将弹力带的中段固定在体前与肩部同高的稳定物体上。肘关节在体前伸直，双手握住弹力带的两端。（b）屈曲肘关节，向胸部方向拉动弹力带。缓慢地回到起始姿势。

变式

左右手臂交替进行。

技术提示

保持背部直立，避免弓背。保持腹部收紧。保持手腕伸直。

> ### 小提示
>
> *高位划船有更高的激活水平*
>
> 高位划船是坐姿划船的进阶训练，与低位划船相比，其能更多地激活肩袖肌群（Hintermeister et al., 1998）。

肩关节与手臂

肩部水平肱二头肌弯举

肱二头肌，三角肌前束

（a）将弹力带的中段固定在体前与肩同高的稳定物体上。采用交错站位，一只脚在另一只脚的前面，以更好地支撑身体。一只手握住弹力带手柄，在体前伸直，用非运动侧的手支撑肘关节。（b）屈曲肘关节，向头部方向拉动弹力带。缓慢地回到起始姿势。

变式

左右手臂交替进行。

技术提示

保持背部直立，避免弓背。保持腹部收紧。保持手腕伸直，肘关节保持在肩部高度。

上肢力量

肩关节与手臂

直立提拉

斜方肌上束，三角肌

（a）站姿，双脚踩住弹力带的中段，双手大概在髋部高度握住弹力带的两端。（b）朝着下颌方向拉动弹力带，屈曲肘关节。缓慢地回到起始姿势。

变式

采用交错站位，一只脚在另一只脚的前面，用前脚踩住弹力带的中段，向上拉动弹力带。

技术提示

保持背部直立，避免弓背。保持腹部收紧。

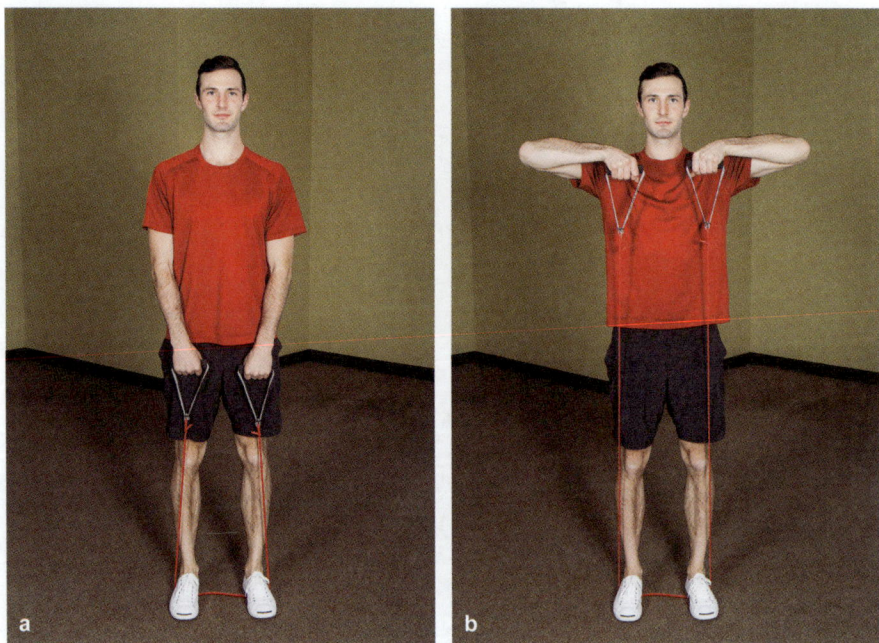

肩关节与手臂

过顶推举

三角肌，斜方肌上束

（a）采用交错站位，一只脚在另一只脚的前面。用后脚踩住弹力带的中段。双手掌心朝前，分别握住弹力带两端的手柄，肘关节抬起至肩部高度。（b）向头顶上方拉动弹力带。缓慢地回到起始姿势。

变式

左右手臂交替进行。

技术提示

在运动过程中避免耸肩。保持背部直立，避免弓背。保持腹部收紧。

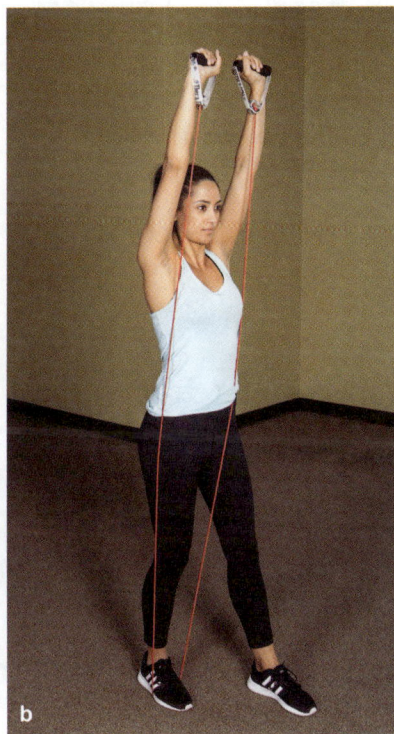

肩关节与手臂

对角线屈曲：PNF

三角肌，肩袖肌群

（a）将弹力带的一端固定在靠近地面的稳定物体上。身体的非运动侧靠近附着点。（b）运动侧的手握住弹力带的另一端，越过身体斜向上拉动弹力带，使弹力带被手握住的一端远离附着点，动作就像拔剑。保持肘关节伸直，缓慢地回到起始姿势。

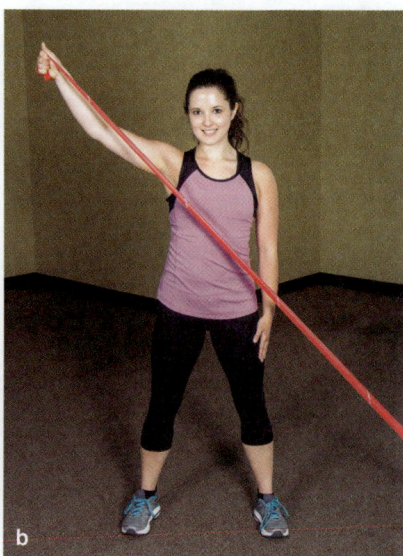

变式

使用两根弹力带，双臂同时进行该动作。

技术提示

保持背部直立，不要为了完成动作而旋转躯干。保持腹部收紧。

变式

小提示

器械或弹力带

研究人员发现，对于对角线屈曲练习，利用弹力带与使用器械对肩胛骨稳定肌群激活的有效性一样（Witt et al., 2011）。

肩关节与手臂

对角线伸展：PNF

胸肌，肩袖肌群

（a）将弹力带的一端固定在头顶上方的稳定物体上。运动侧的手臂靠近附着点，运动侧的手握住弹力带的另一端。（b）保持肘关节伸直，越过身体斜向下拉动弹力带，使弹力带被手握住的一端远离附着点，动作就像扔球。缓慢地回到起始姿势。

变式

使用两根弹力带，双臂同时进行该训练。

技术提示

保持背部直立，不要为了完成动作而旋转躯干。保持腹部收紧。

> ### 小提示
>
> **更好的激活模式**
>
> 研究人员发现，利用弹性阻力进行对角线伸展比使用器械更有利于激活肩胛骨稳定肌群（Witt et al.，2011）。

上肢力量

肩关节与手臂

肩关节外旋加后缩

肩袖肌群，菱形肌

（a）使用环状弹力带，或双手握住弹力带的中段附近。肘关节位于体侧，前臂朝前，与地面平行。（b）前臂缓慢地向外移动，胸部上提，肩胛骨相互挤压。缓慢地回到起始姿势。

进阶式

保持前臂外旋的同时双臂抬起至肩部高度。保持几秒，然后缓慢地让肘关节回到体侧，保持双臂外旋。缓慢地回到起始姿势。

技术提示

保持肘关节位于体侧，前臂与地面平行。保持手腕和背部直立。

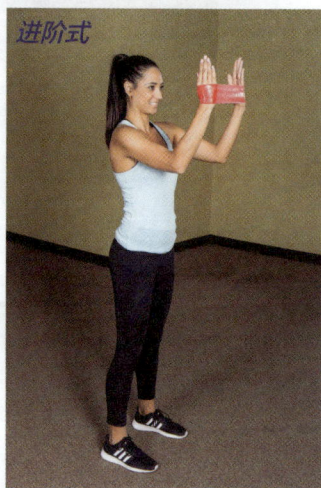

肩关节与手臂

上肢伸展练习

肩胛肌群，胸上肢肌

使用环状弹力带或双手分别缠绕弹力带的一端。双手同时对抗弹力带的阻力进行以下动作。

（a）手指向外展开并伸展，手腕伸展。

（b）前臂旋后，肩关节外旋。

（c）肘关节伸展，肩关节外展和伸展，肩胛骨后缩。缓慢地以相反的顺序回到起始姿势。

技术提示

保持身体直立，背部和颈部处于中立位置。

上肢力量

肩关节与手臂

肩关节90度内旋

胸大肌，肩袖肌群

（a）将弹力带的一端固定在稳定的物体上，站在附着点的前面，背对附着点。一只手握住弹力带的另一端，掌心朝前。抬起手臂使肩部与躯干成90度，肘关节保持在肩部高度。（b）向下拉动弹力带，使弹力带被手握住的一端远离附着点。缓慢地回到起始姿势。

技术提示

保持肘关节在肩部高度。保持手腕伸直和背部直立。

上肢力量

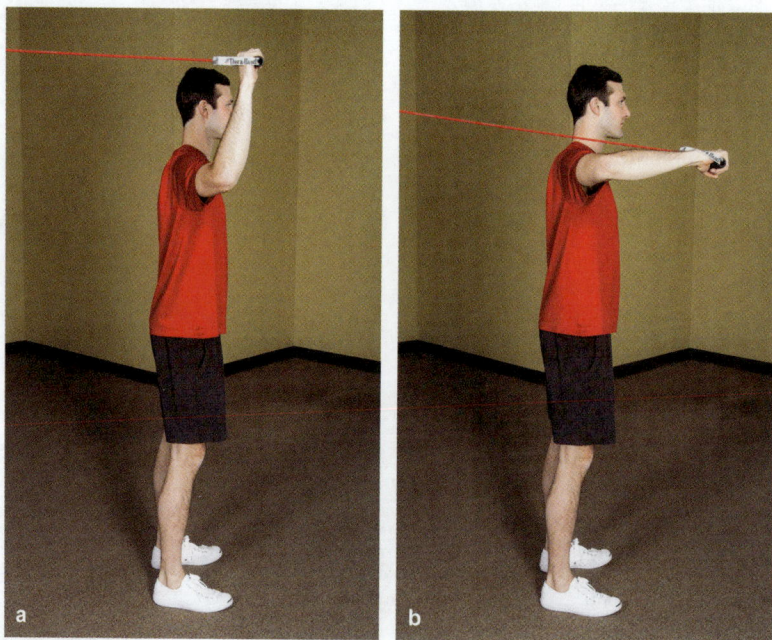

肩关节与手臂

肩关节90度外旋

肩袖肌群，三角肌

（a）将弹力带的一端固定在稳定的物体上，面对附着点站立。单手握住弹力带的另一端，掌心朝下。向上抬起手臂直到肩部与躯干成90度，保持肘关节在肩部高度。（b）向上拉动弹力带，使弹力带被手握住的一端远离附着点。缓慢地回到起始姿势。

技术提示

保持肘关节在肩部高度。保持手腕伸直和背部直立。

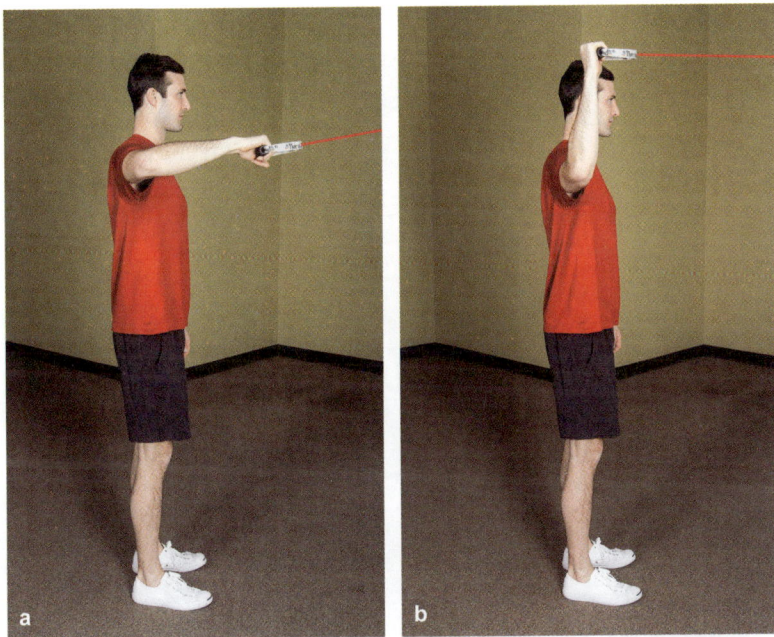

上肢力量

肩关节与手臂

肘关节过顶伸展

肱三头肌

（a）采用交错站位，一只脚在另一只脚前面，后脚踩住弹力带的一端。一只手在头的后部握住弹力带的另一端，肘关节向头顶屈曲，另一只手支撑该肘关节。（b）伸直肘关节，手向上抬起。缓慢地回到起始姿势。

技术提示

保持肩关节和肘关节稳定。背部保持直立，不要为了完成动作向前倾斜。保持腹部收紧。保持手腕伸直。

肩关节与手臂

墙上行走（60度~90度）

肩胛骨稳定肌群，肩袖肌群

（a）站在离墙面1~2英尺的地方，将弹力带环绕在对手手腕上。(b)开始时，双肩应该与躯干成60度。双手分开与肩同宽，弹力带略微紧绷。双手保持与肩同宽，双手缓慢地以小步向上行走直到双肩与躯干成90度。(c)双手缓慢地以小步向下行走直到肩部回到起始姿势，肩部与躯干成60度角。每组10~15次，重复多组。

变式

不用小步向上和向下行走，而是让前臂对抗墙壁的阻力轻轻地滑动，以到达预期的动作效果，保持弹力带略微紧绷。

第 7 章

下肢力量

下肢中需要强化的部位有髋部和大腿区域。髋部作为连接下肢和上肢的主要部位，是核心（腹部和下背部区域）稳定的基础。髋部在运动中起主要作用，在行走或跑步时推动人的重心。臀部肌群（臀大肌和臀中肌）是重要的骨盆稳定肌群。因此，髋部和核心部位被连接成一个动力链，为身体传递和生成力。强壮的髋部肌群对日常活动至关重要，尤其是行走和跑步。事实上，臀部肌群的虚弱无力与慢性背部疼痛，甚至是反复性的踝关节扭伤有关系。髋部和大腿肌肉组织的另外一个重要作用就是减速或改变运动方向。这种特殊的肌肉活动（通常未经训练）可能是运动中屈髋肌群、腹股沟和腘绳肌反复拉伤的原因。股四头肌和腘绳肌之间在力量和柔韧性上的失衡与膝关节疼痛和损伤有关系。

虽然经常被忽视，但小腿肌肉对身体的平衡和敏捷性也起着重要作用，特别是腓骨长肌和胫骨后肌，其能为身体提供平衡和行走所需的稳定性。而胫骨前肌、腓肠肌和比目鱼肌能提供运动时所需的力量和敏捷性。

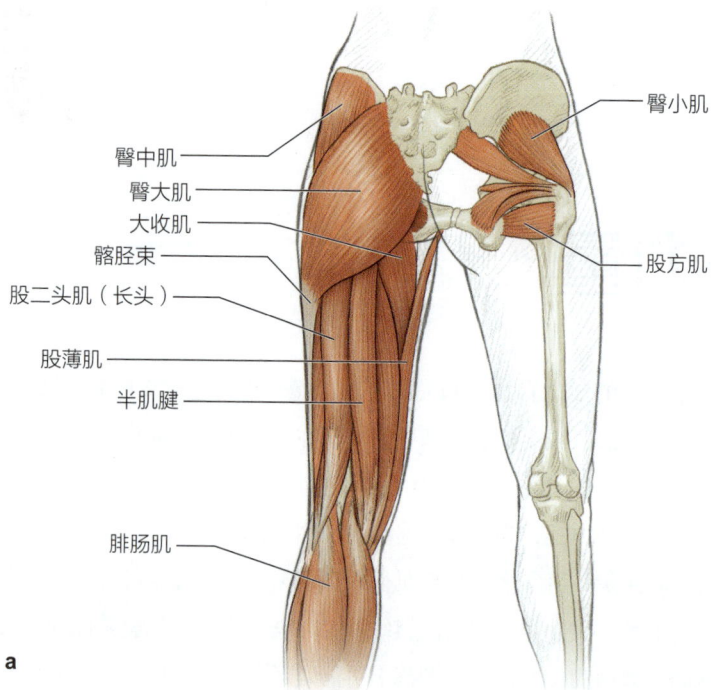

臀中肌

臀大肌

大收肌

髂胫束

股二头肌（长头）

股薄肌

半肌腱

腓肠肌

臀小肌

股方肌

a

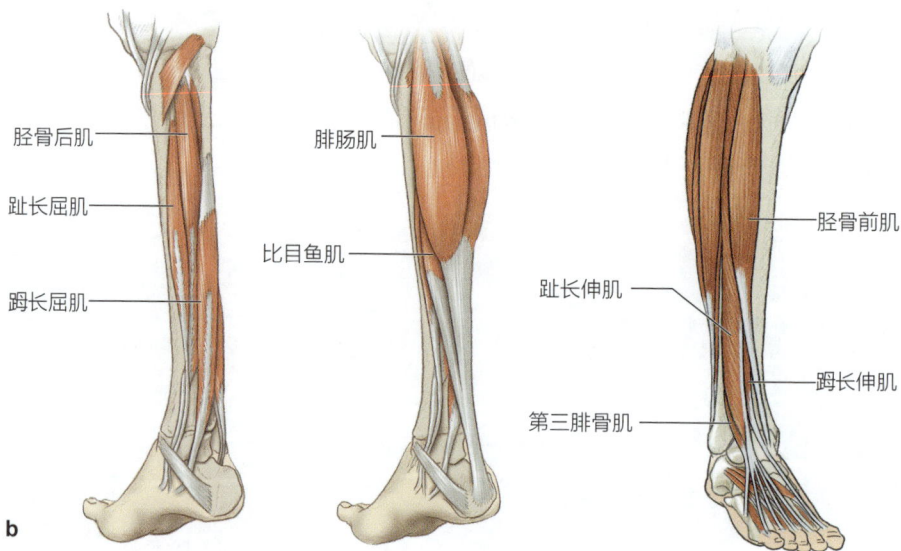

胫骨后肌

趾长屈肌

踇长屈肌

腓肠肌

比目鱼肌

胫骨前肌

趾长伸肌

踇长伸肌

第三腓骨肌

b

a. 髋部和大腿肌群；b. 小腿肌群

髋关节与臀部

髋关节上提

髂腰肌

（a）坐在瑞士球或长椅上。将弹力带的中段环绕在一侧大腿的中部，另外一侧的脚踩住弹力带的两端。（b）通过屈髋来上提大腿。缓慢地回到起始姿势。

变式

将弹力带的两端固定在靠近地面的稳定物体上，将弹力带的中段环绕在一侧踝关节上。背对附着点，向上抬腿，保持膝关节屈曲。

技术提示

保持背部直立，避免弓背。保持腹部收紧。

变式

下肢力量

髋关节与臀部

臀桥

臀大肌

（a）将弹力带的中段环绕在髋部前侧，两端缠绕臀部。平躺在地面上，将弹力带在臀部下方交叉。在地面上双手分别稳定弹力带的两端，双膝屈曲。（b）向上抬起臀部，以髋部前侧对抗阻力，拉伸弹力带。缓慢地回到起始姿势。

变式

在臀部向上抬起，弹力带被拉长时，双腿交替抬起，进行军步动作。

技术提示

在臀桥动作最大的高度保持髋部稳定，不要让髋部或背部下沉。

髋关节与臀部

环状弹力带臀桥

臀大肌，臀中肌

（a）将环状弹力带环绕在膝关节上方。仰卧，脚底平放在地面上，双手交叉放在胸前，双膝屈曲。（b）上提臀部远离地面，双膝对抗弹力带阻力向外推。然后缓慢地回到起始姿势。

变式

在臀部向上抬起，弹力带被拉长时，双腿交替抬起。

技术提示

在运动过程中，保持双膝与双肩在一条直线上。

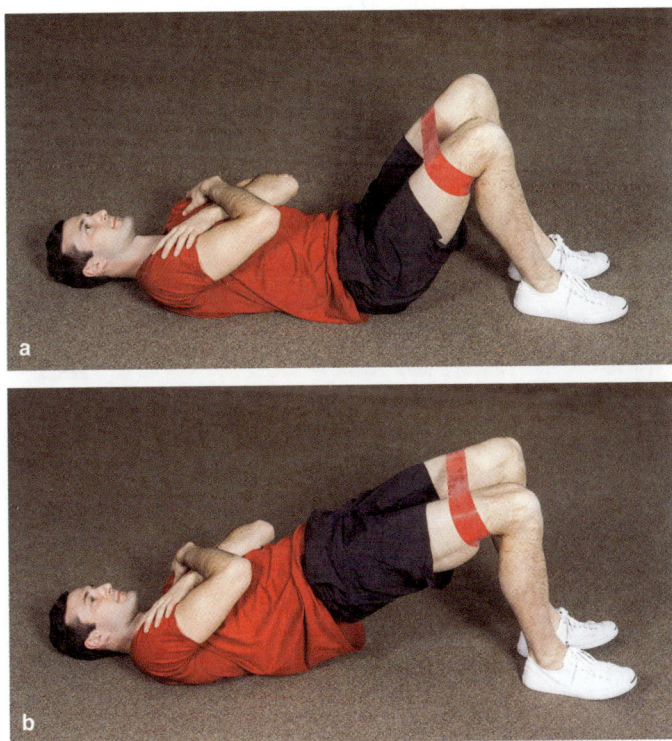

髋关节与臀部

髋关节伸展（驴踢腿）

臀大肌

（a）采取双手和双膝着地的姿势，双肘支撑于地面，保持背部伸直。将弹力带的两端握住并压在前臂的下方，弹力带的中段牢固地缠绕在一只脚上。（b）保持膝关节屈曲，对抗弹力带阻力向上伸展髋关节。缓慢地回到起始姿势。

变式

将弹力带的两端固定在靠近地面的稳定物体上，弹力带的中段环绕在一只脚的踝关节上。面对附着点向后踢腿，保持膝关节屈曲。

技术提示

保持背部直立，避免弓背。保持腹部收紧。

下肢力量

髋关节与臀部

侧卧抬髋

臀中肌

（a）侧卧，双腿伸直。将弹力带环绕在双脚踝关节上方。（b）向上抬起上侧的腿，保持膝关节伸直。缓慢地回到起始姿势。

变式

将弹力带环绕在双膝上方而不是踝关节上方，以降低练习的强度。

技术提示

保持背部直立。保持腹部收紧。

下肢力量

髋关节与臀部

蚌式

臀肌，髋外旋肌

（a）侧卧，将弹力带环绕于双膝，屈髋屈膝大约30度。（b）上侧膝关节对抗弹力带阻力上抬，同时将下侧的膝关节推向地面。保持几秒，然后缓慢地回到起始姿势。

变式

以仰卧的方式进行该练习。双膝缠绕着弹力带，对抗阻力让双膝分开。

技术提示

在运动期间，确保弹力带适度紧绷，以提供足够的阻力。不要通过旋转躯干或抬起脚踝来完成动作。

变式

小提示

对髂胫束综合征更有益

研究人员发现，蚌式是最大限度激活臀肌，最低限度激活髂胫束的最佳练习（Selkowitz et al., 2013）。

髋关节与臀部

反向蚌式

髋内旋肌

（a）侧卧，将弹力带环绕在双脚踝关节上，双膝屈曲并贴靠在一起。（b）保持双膝靠在一起，对抗弹力带阻力向上抬起上侧踝关节，同时向内旋转髋关节。保持几秒，然后缓慢地回到起始姿势。

技术提示

在运动期间，确保弹力带适度紧绷以提供足够的阻力。不要为了完成动作而旋转躯干。

髋关节与臀部

闭链髋关节旋转

髋关节旋转肌群，臀大肌，踝关节稳定肌群

（a）将弹力带的中段环绕在髋关节，弹力带的两端固定在体前的稳定物体上。运动侧的腿支撑站立，对侧腿的膝关节抬高。（b）支撑腿保持不动，向对侧转动髋关节，对抗弹力带阻力向后拉。缓慢地回到起始姿势。

技术提示

不要为了完成动作而伸展背部或转动躯干。

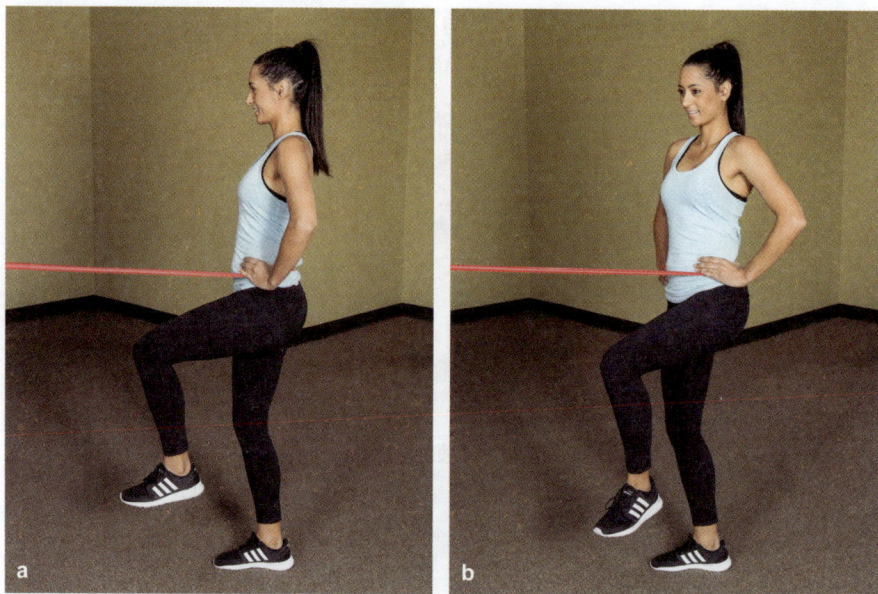

髋关节与臀部

直腿硬拉

腘绳肌，臀肌，下背部

（a）将弹力带的一端固定在身后的稳定物体上。双腿分开与肩同宽，弹力带的另一端穿过双腿之间，双手在靠近胸部的位置握住弹力带。双膝略微屈曲，背部保持直立。在保持脊柱伸直的同时向后推臀部，身体尽量向下移动。（b）伸展双膝、髋部和背部，回到起始姿势。

变式

以双膝伸直的方式进行直腿硬拉。

技术提示

在整个运动期间，保持双肩挺直，不要旋转躯干，不要伸展背部或颈部。

下肢力量

小提示

支持弹性阻力

研究人员发现，在肌肉激活水平方面，弹性阻力的直腿硬拉练习可以替代传统抗阻训练（Iversen et al., 2017）。

大 腿

弓步

臀大肌，股四头肌

（a）一只脚踩住弹力带或弹力绳的中段。另一只脚在后侧，膝关节屈曲。双手在胸前握住弹力带的两端，肘关节屈曲。保持躯干直立，前侧膝关节屈曲，屈髋屈膝使身体下沉。（b）对抗弹力带的阻力让身体回到起始姿势。

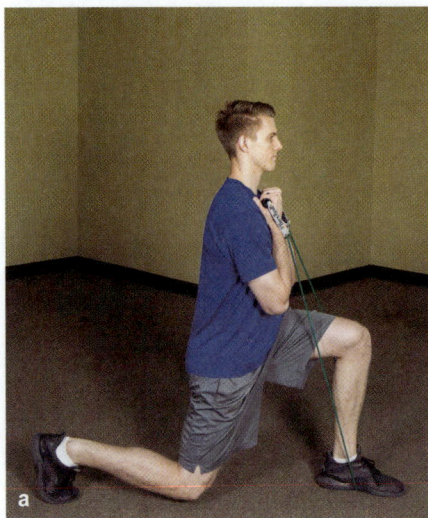

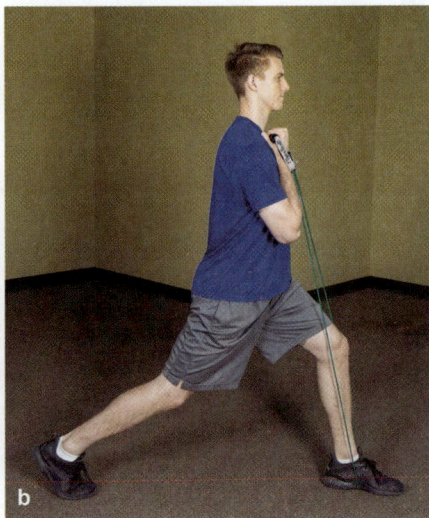

变式

站姿，双脚分别位于体前和体后。使用一个大号的环状弹力带，前侧脚踩住弹力带的中段，向上拉使弹力带环绕在同侧的肩部。身体下沉至后侧膝关节触碰地面。

技术提示

保持背部直立，避免弓背。保持腹部收紧。从始至终保持躯干挺直。

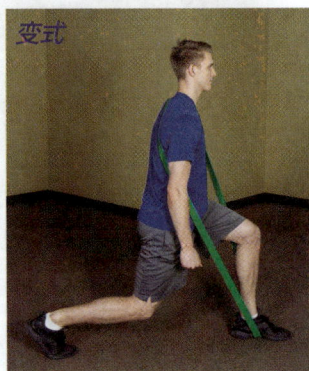

变式

> **小提示**
>
> *对下肢肌肉更有效*
>
> 研究人员发现，利用弹力带进行弓步训练对髋关节、膝关节和背部有更高的激活水平，是比哑铃更有效的训练方式（Sundstrup et al., 2014）。

大　腿

弹力绳弓步

臀大肌，股四头肌

（a）将弹力绳的两个肢体带分别套在两个踝关节上。一条腿在后，保持躯干直立。屈髋屈膝使身体下沉。（b）回到直立姿势。

变式

通过向后、向前跨步，交替进行弹力绳前弓步和后弓步。

技术提示

保持背部直立，避免弓背。保持腹部收紧。从始至终保持躯干直立。

下肢力量

大　腿

侧弓步

臀中肌，臀大肌，股四头肌

（a）将弹力绳的肢体带或环状弹力带套在踝关节上。略微地屈髋屈膝。（b）对抗弹力带阻力，向侧边跨步的同时屈曲膝关节。缓慢地回到起始姿势。

变式

改变侧向跨步的角度，稍微地向对侧腿的后侧或前侧跨步。

技术提示

保持背部直立，不要屈曲或扭转下背部。

大 腿

迷你蹲

臀大肌，股四头肌

（a）双脚踩住一根长弹力带的中段，弹力带的两端位于脚的外侧；双手在体侧分别握住弹力带的两端，双手保持在髋部高度。（b）身体向下进行迷你蹲（膝关节屈曲角度小于45度），保持背部直立。缓慢地回到起始姿势。

变式

在与肩同高处握住弹力带的两端，下蹲。

技术提示

保持背部直立，避免弓背。保持腹部收紧。

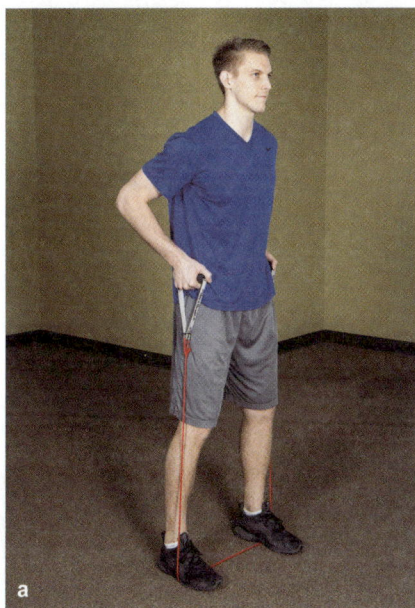

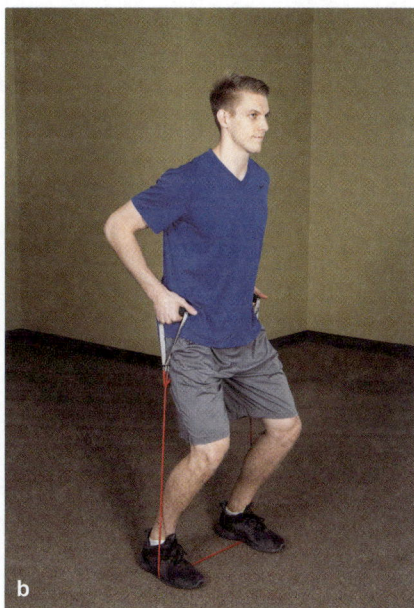

下肢力量

113

大 腿

前蹲

臀大肌，股四头肌

（a）双脚分别踩住一根长弹力带的一端。将弹力带的另一端环绕在肘关节外侧，肘关节在肩部高度保持屈曲。（b）身体下蹲，膝关节屈曲并不要超过脚尖，保持背部伸直。缓慢地回到起始姿势。

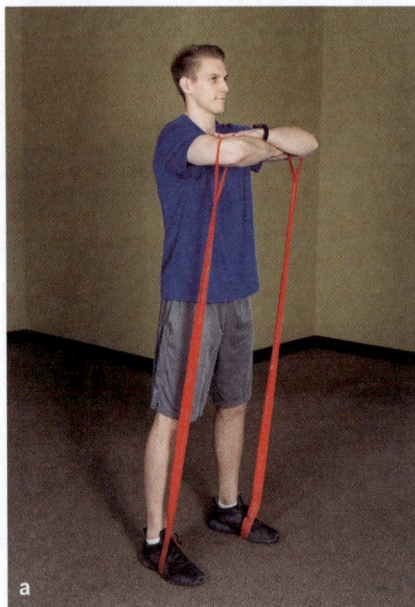

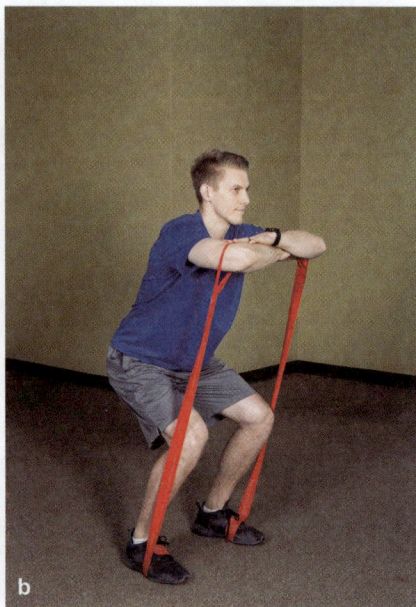

变式

为了更多地激活下背部和臀部肌肉，向前或向头顶上方伸展手臂。

技术提示

保持背部直立，避免弓背。保持腹部收紧。

> ### 小提示
>
> *激活臀部*
>
> 研究人员发现，利用弹性阻力进行深蹲，结合肩关节屈曲动作，可以显著地激活股直肌（Hoogenboom et al., 2018）、臀中肌和臀大肌（Kang et al., 2014）。

大 腿

环状弹力带杠铃深蹲

臀肌，股四头肌

（a）将两根环状弹力带的一端分别套在杠铃两端，双脚分别踩住两根弹力带的另一端。杠铃穿过双肩放在颈部后侧。站姿，双脚分开与肩同宽，或者稍宽于肩，弹力带处于拉伸状态。（b）深蹲至膝关节屈曲接近90度，保持膝关节屈曲，然后缓慢地回到起始姿势。

技术提示

整个运动期间，保持背部直立，膝关节不要内扣。

下肢力量

小提示

更多的臀肌参与

有研究人员称，将环状弹力带环绕在双膝上进行杠铃深蹲可以提高臀肌的激活水平（Spracklin et al., 2018）。

大　腿

单腿蹲

臀大肌，股四头肌，踝关节稳定肌群

（a）单腿站立，单脚踩住弹力带的中段。双手在髋部高度握住弹力带的两端。（b）单腿下蹲，膝关节屈曲45度~60度。缓慢地回到起始姿势。如果需要，可使用外部支撑。

变式

双手在肩部高度握住弹力带的两端以获得更大的阻力。

技术提示

膝关节向前屈曲，髌骨与第二趾骨对齐。膝关节不要向内或向外旋。在练习期间，保持背部直立和颈部伸直。

小提示

一个好过两个

研究人员表明，利用弹性阻力进行单腿蹲比双腿蹲更能激活股四头肌（Hintermeister et al., 1998）。

下肢力量

大 腿

怪兽行走

臀中肌，臀大肌，股四头肌

（a）将弹力带环绕在膝关节上方的大腿上。站姿，略微地屈髋屈膝（大约30度），准备就绪。（b）对抗弹力带阻力，一条腿向同侧跨一步。继续向同一方向以滑步的方式移动。

变式

向不同的方向跨步，如侧向、对角线方向、前向和后向。将弹力带环绕在踝关节周围以获得更大的阻力。

进阶式

将环状弹力带或弹力绳的肢体带环绕在踝关节周围以提高肌肉的激活水平。

技术提示

在整个练习期间，保持背部直立和颈部伸直。不要为了完成练习而旋转躯干或髋关节。

下肢力量

小提示

一步之遥

距你想要的髋部强化仅一步之遥，支撑腿的臀中肌激活水平比运动腿的激活水平更高（Berry et al., 2015）。

大 腿

下蹲行走

臀中肌，臀大肌，股四头肌

（a）将弹力绳的两个肢体带分别套在两个踝关节上。（b）横向行走，保持躯干和下肢屈曲。双腿交替进行。也可以将环状弹力带套在踝关节上方练习。

变式

向不同方向行走，如对角线方向、前向和后向。

训练提示

保持抬头以避免躯干过度屈曲。

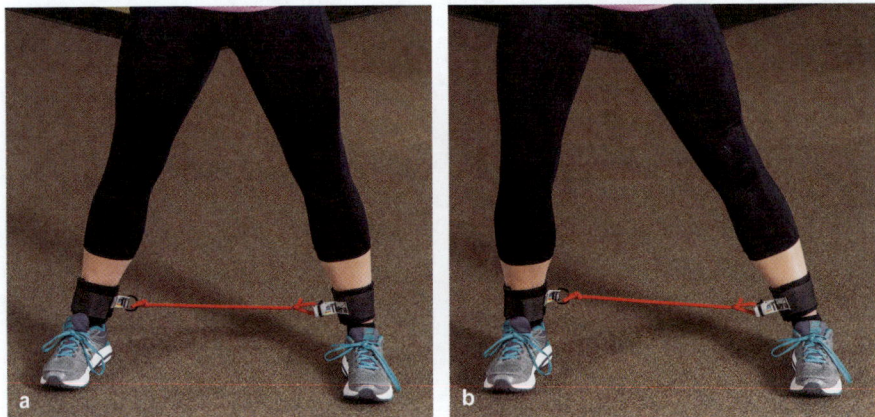

下肢力量

大　腿

腿部蹬伸

臀大肌，股四头肌

（a）仰卧。双手握住弹力带的两端。将弹力带的中段牢固地缠绕在一只脚上。（b）对抗弹力带的阻力，同时伸展髋关节和膝关节，直到腿伸直并与躯干在一条直线上。缓慢地回到起始姿势。

变式

坐姿，膝关节屈曲。将弹力带的中段环绕在一只脚的脚底，双手握住弹力带的两端。对抗弹力带的阻力，伸展髋关节和膝关节。缓慢地回到起始姿势。

技术提示

保持背部直立，避免弓背。保持腹部收紧。

下肢力量

大　腿

站姿蹬腿

腘绳肌，臀大肌

（a）将弹力带的一端固定在体前靠近地面的稳定物体上，弹力带的另一端环绕在踝关节上方。如果需要，可以借助外部支撑。运动侧髋关节和膝关节在体前屈曲。（b）对抗弹力带的阻力，向后伸展膝关节和髋关节。缓慢地回到起始姿势。

变式

运动侧的脚不要触碰地面，连续地移动。

技术提示

整个练习期间，保持背部直立和颈部伸直。不要为了完成动作而屈曲躯干。

小提示

齐心协力

研究人员发现，该项练习会使支撑腿进行较高水平的同步收缩（股四头肌和腘绳肌收缩），这表明它对ACL（前交叉韧带）康复来讲是一个不错的练习（Hopkins et al., 1999）。

下肢力量

大　腿

站姿抬腿

股四头肌，屈髋肌群

（a）将弹力带的一端固定在靠近地面的稳定物体上，弹力带的另一端环绕在踝关节上方。如果需要可以借助外部支撑。运动侧髋关节和膝关节在体后伸直。（b）对抗弹力带的阻力，向前拉动弹力带，同时屈曲该侧的髋关节和膝关节。缓慢地回到起始姿势。

变式

运动侧的脚不要触碰地面，持续地移动。

技术提示

在整个练习期间，保持背部直立和颈部伸直，不要为了完成练习而屈曲躯干。

下肢力量

小提示

对大腿有益

研究人员发现，该项练习比其他普通的闭链练习更能激活支撑腿的股内侧肌，这表明它有利于膝关节前侧疼痛的康复（Hopkins et al., 1999）。

大 腿

弹力带快踢

臀大肌，臀中肌，髂腰肌，股四头肌，踝关节稳定肌群

（a）将弹力带环绕在双脚踝关节上。如果需要可以借助外部支撑。在保持膝关节伸直的同时，对抗弹力带的阻力，向前反复地踢腿。（b）回到起始姿势，连续地向侧向（外侧）踢腿30秒。在重复练习时，不要让脚触碰地面。

变式

变式

- 站在不稳定的物体上以增加挑战难度，如站在泡沫垫上
  练习（正如主练习照片所示）。
- 向后踢腿。

技术提示

保持背部直立和颈部伸直，不要为了完成练习而向前倾斜躯干。整个练习中，确保弹力带有足够的张力。

> **小提示**
>
> *隐形强化*
>
> 研究人员称，除了强化髋关节肌肉，该项练习还能
> 高度激活支撑腿踝关节的肌肉（Cordova et al., 1999）。

大 腿

髋关节时钟转动

臀大肌，臀中肌，髂腰肌，股四头肌，踝关节稳定肌群

（a）双脚分开，与肩同宽。将弹力带环绕在踝关节上方，让弹力带保持一定的张力。保持一只脚静止不动，另一只脚向3点钟或9点钟方向（取决于是左脚还是右脚）移动。（b）当到达最终的姿势时，使弹力带产生更大的张力，脚尖触地后缓慢地回到起始姿势。在所有方向上重复该练习。完成钟表上所有主要方向的移动（右脚完成6点、5点、4点、3点、2点、1点和12点方向，左脚完成6点、7点、8点、9点、10点、11点和12点方向）。每侧重复多次。

变式

为了增加练习难度，在非运动侧的脚下使用泡沫垫或平衡台以激活更多肌肉组织和增强平衡能力。

技术提示

保持背部直立和颈部伸直，不要为了完成练习而倾斜躯干。在整个练习期间，确保弹力带有足够的张力。

下肢力量

123

大　腿

消防栓

臀中肌，臀大肌，核心肌群

（a）采取跪姿（双手和双膝着地），将弹力带套在膝关节上方。（b）让脊柱保持在中立位置，向外侧抬起一条腿。缓慢地回到起始姿势。每侧重复10~15次，重复多组。

技术提示

在整个练习期间，为了提高核心肌群的激活水平，一定要保持腹部收紧，臀部肌肉收紧。

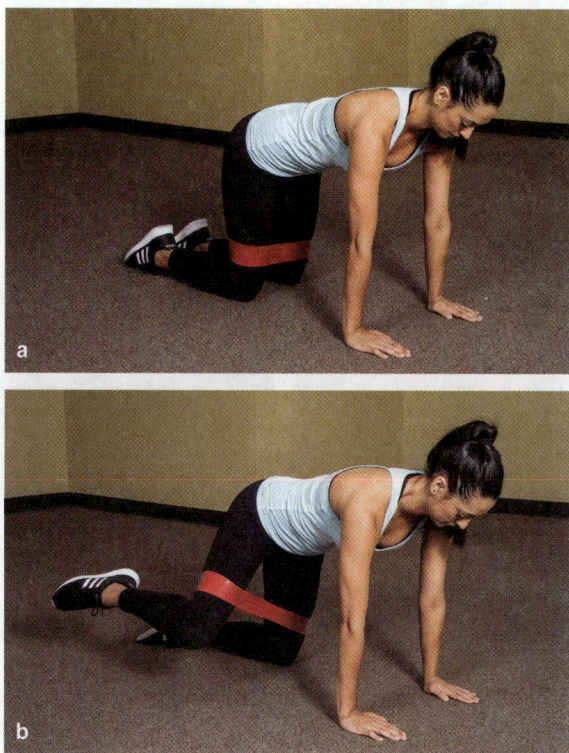

下
肢
力
量

第 8 章

核心稳定性

　　强化腹部和下背部（也就是核心）最常见的阻力形式是自身体重。增加外部阻力，如利用弹力带，可能会增加对这些区域的刺激。弹性阻力训练可以提高受重力限制的练习的肌肉激活水平。腹部和下背部是保证全身稳定和运动表现的关键区域，因为它们能够产生力或传递上下肢产生的力。在力的产生或稳定性方面，四肢所有的功能性活动都有来自核心部位的贡献。因此，强化核心部位的力量对提升所有体育运动和功能性活动中的表现有着至关重要的作用。此外，就下背部疼痛的预防和康复而言，腹部和下背部是重要的身体部位。

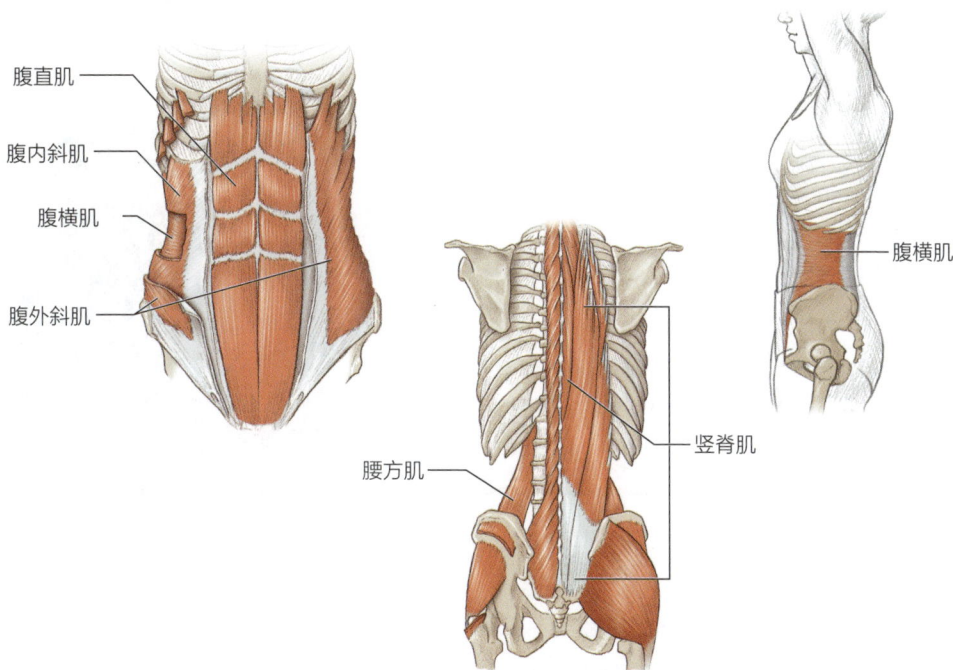

腹直肌

腹内斜肌

腹横肌

腹外斜肌

腰方肌

竖脊肌

腹横肌

腹部和下背部的肌群

腹 部

仰卧卷腹

腹肌

（a）将弹力带的两端固定在靠近地面的稳定物体上。仰卧，双膝屈曲。双手靠拢握住弹力带的中段，双臂伸直。（b）保持肘关节伸直，躯干向上卷起。确保肩胛骨抬离地面。缓慢地回到起始姿势。

变式

开始时，双臂在头顶上方伸直，在卷腹的同时向下压手臂。

进阶式

在瑞士球上进行该练习。

技术提示

保持颈部伸直，避免头部向前探。保持肘关节伸直。

小提示

比器械练习更好

研究人员发现，在瑞士球上进行该练习产生的肌肉激活水平与在器械上进行的腹部练习类似，同时在运动期间能降低屈髋肌群的激活水平（Vinstrup et al., 2015）。

腹 部

斜向卷腹

腹斜肌

（a）将弹力带的两端固定在靠近地面的稳定物体上。仰卧，双膝屈曲。双手靠拢，握住弹力带的中段，双臂伸直。（b）保持肘关节伸直，躯干向上卷起的同时一侧肩部向对侧膝关节旋转，使该侧肩胛骨抬离地面。缓慢地回到起始姿势。

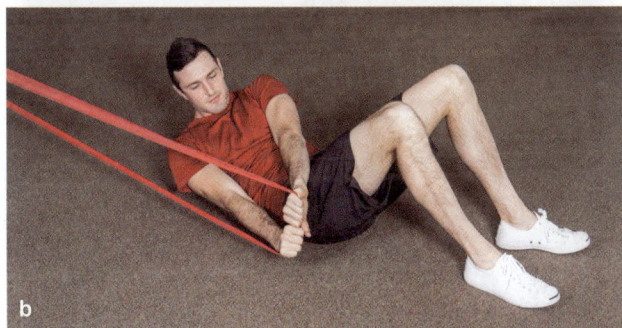

变式

开始时，双臂在头顶上方伸直。在进行斜向卷腹的同时，一只手臂朝对侧膝关节方向旋转。

进阶式

在瑞士球上进行练习。

技术提示

保持颈部伸直，避免头部向前探。保持肘关节伸直。

进阶式

腹 部

下腹卷腹

下腹部

（a）仰卧，屈髋、屈膝。将弹力带环绕在双膝上，在腿部下方交叉。用手分别将弹力带的两端按压在地面上。（b）双膝上提，将髋部抬离地面。缓慢地回到起始姿势。

变式

双膝伸直，进行下腹卷腹练习。将弹力带环绕在双脚上，向上提腿，将髋部抬离地面。

技术提示

避免弓背。

核心稳定性

腹 部

跪姿卷腹

腹肌

（a）将弹力带的两端固定在前侧上方的稳定物体上。采取半跪姿。双手在体前握住弹力带的中段。（b）躯干向下卷，对抗弹力带的阻力弓背。缓慢地回到起始姿势。

变式

当对抗弹力带的阻力向下卷腹的同时，朝一侧转动躯干。

技术提示

保持颈部处于中立位置。

核心稳定性

腹　部

跪姿过顶上举

上背部，下背部

（a）将弹力带的中段固定在体前的稳定物体上。采取半跪姿。双手在体前握住弹力带的两端。（b）保持肘关节伸直，对抗弹力带阻力，向头顶举起手臂。缓慢地回到起始姿势。

变式

为了稳定身体，每次抬起一只手臂。

技术提示

保持颈部和背部处于中立位置。不要为了完成练习而弓背。

腹 部

躯干旋转

腹斜肌

（a）坐姿，双腿分开至少与肩同宽，双腿伸直。将弹力带的中段稳定地缠绕在双脚脚底。双手合拢握住弹力带的两端，双臂向前伸直。（b）向一侧转动躯干，然后缓慢地转到另一侧。

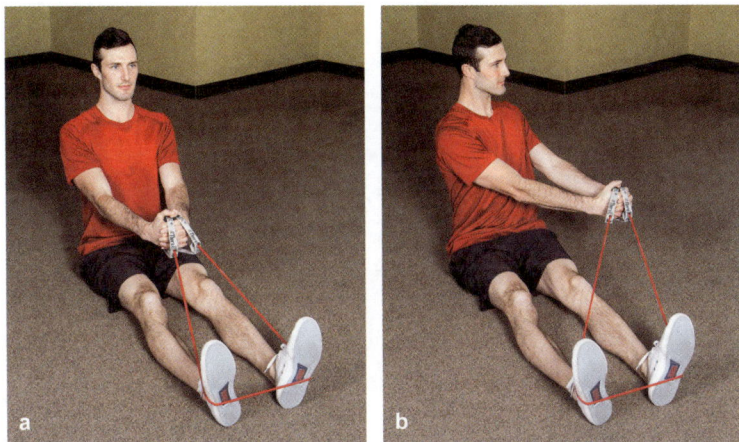

变式

以站立姿势进行该练习。将弹力带的一端固定在稳定物体上，双手合拢握住弹力带两端，向一侧转动躯干，然后向另一侧重复动作。保持颈部与肩关节对齐。

进阶式

坐在瑞士球上练习。将弹力带的一端固定在稳定物体上，双手合拢握住弹力带两端，向一侧转动躯干，然后向另一侧重复动作。

技术提示

保持背部直立，避免向一侧倾斜。

> ## 小提示
>
> ### 器械练习的有效替代
>
> 站姿躯干旋转与坐在器械上进行躯干旋转对肌肉的激活效果相同。然而，弹性阻力训练更多地激活竖脊肌，而器械练习更多地激活腹外斜肌（Vinstrup et al., 2015）。

腹　部

抗旋转前推（站姿绳索抗旋转）

腹斜肌

（a）站姿，双脚分开与肩同宽。将弹力带的一端固定在体侧与略低于腰高的稳定物体上，双手合拢在腹部前方握住弹力带的另一端。（b）在保持髋关节、躯干和肩关节对齐的同时伸展肘关节，并将手抬起至肩部高度。保持背部和颈部伸直，然后缓慢地回到起始姿势。

变式

以跪姿或半跪姿的方式练习。

进阶式

双臂在肩部高度保持伸直，向远离弹力带的方向移动，同时保持躯干稳定。

技术提示

保持背部直立和颈部在中立位置伸直。不要弓背或旋转躯干。

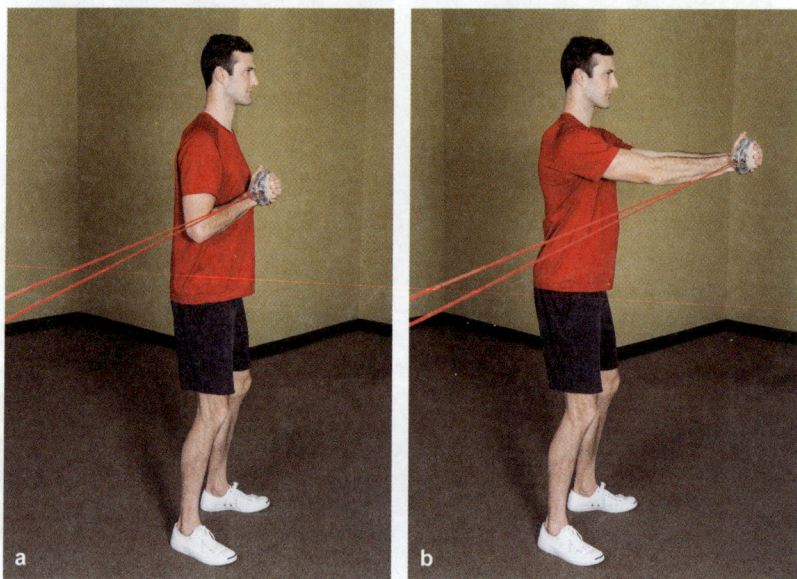

下背部

侧屈

腰方肌

（a）站姿，双脚分开与肩同宽，背部直立。将弹力带的一端踩在一只脚下，同侧的手握住弹力带的另一端，肘关节向头顶伸直。（b）向远离弹力带的方向倾斜躯干，拉伸弹力带。缓慢地回到起始姿势。

变式

开始时，肘关节位于体侧，而不是在头顶。首先，向头顶拉弹力带，然后向一侧倾斜躯干。

进阶式

以单腿站立的方式进行该练习。

技术提示

保持躯干稳定，不要旋转躯干。避免髋关节移动。

核心稳定性

下背部

坐姿背部伸展

背部伸肌

（a）坐姿，双腿伸直。将弹力带或弹力绳的中段稳定地绕过双脚的脚底。双手靠拢于胸部高度握住弹力带的两端，并拉紧松弛的弹力带。（b）上身向后倾，在拉伸弹力带的同时保持腰椎伸直。缓慢地回到起始姿势。

变式

坐在瑞士球上进行该练习，双膝伸直。

技术提示

保持腰椎处于中立位置（不要过度拱起或过度伸展）。

下背部

站姿背部伸展

背部伸肌，臀大肌

（a）以弓步姿势站立，前脚踩住弹力带或弹力绳的中段。双手靠拢握住弹力带的两端，肘关节保持屈曲，双手位于体前胸部位置。（b）保持肘关节和双手稳定的同时伸展背部和髋关节。缓慢地回到起始姿势。

技术提示

腰椎保持在中立位置（不要过度拱起或过度伸展）。确保动作开始于髋关节。

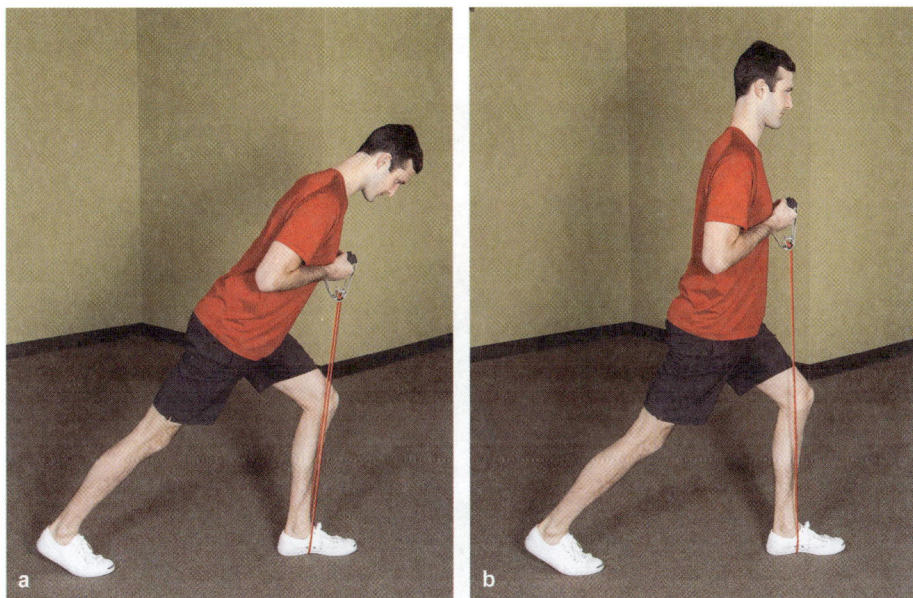

核心稳定性

下背部

侧桥

腰方肌

（a）侧卧，双膝和髋关节伸直。将弹力带环绕在双膝上。下侧的肘关节屈曲，且位于肩部正下方的地面上。保持背部伸直，下侧脚撑地。抬起髋关节直到肩关节和髋关节离开地面。（b）对抗弹力带的阻力抬起上侧的腿，同时稳定对侧手臂。缓慢地回到起始姿势。

变式

以屈髋屈膝姿势开始。使髋关节离开地面直到双肩与髋关节平行，保持双膝位于地面。

技术提示

保持髋关节和脊柱对齐，不要让髋关节下沉或躯干旋转。

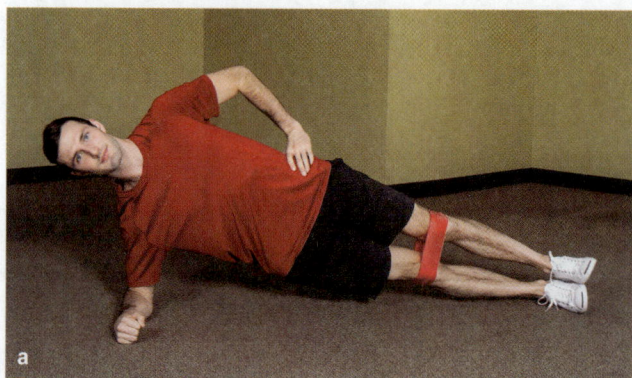

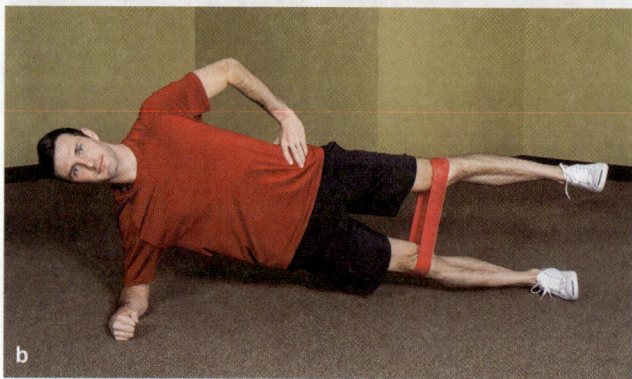

下背部

四足稳定练习

腰椎稳定肌群，臀肌，腹斜肌

（a）双膝和双手撑地。将弹力带的中段环绕在一只脚的脚底，双手稳定弹力带的两端。

（b）保持背部和颈部伸直，对抗弹力带阻力向后伸展一条腿，伸展髋关节和膝关节直到与地面平行。同时向前伸展对侧的手臂。缓慢地回到起始姿势。

变式

只伸展一条腿，保持双手撑地。

技术提示

保持背部直立和颈部伸直，并处于中立位置。不要弓背或过度地伸展髋关节。不要伸展颈部或旋转背部。

变式

小提示

更好地激活核心部位

研究人员发现，这种结合上下肢的练习比单独的自重练习能更有效地激活腰椎和腹部（Gottschall et al., 2013）。

下背部

仰卧稳定性练习

腰椎稳定肌群

（a）仰卧，一条腿伸直，另一条腿屈曲。将弹力带的中段环绕在伸直腿的脚底。双手稳定弹力带的两端，一只手臂向上伸直。（b）保持肘关节伸直，双臂交替上下移动。保持背部伸直，然后缓慢地回到起始姿势。

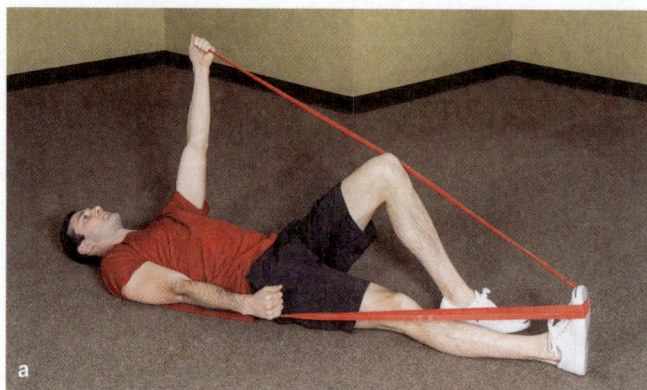

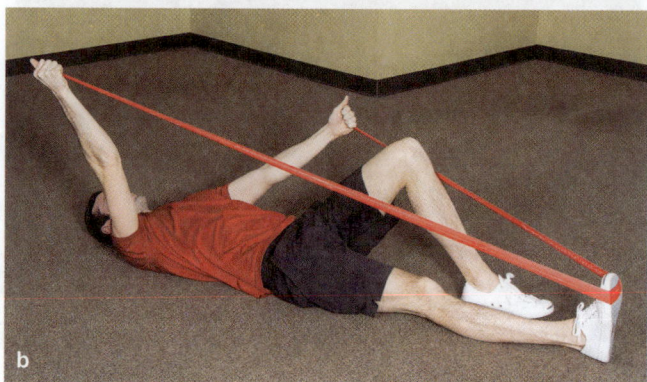

变式

双臂同时对抗弹力带阻力，进行屈髋伸髋（膝关节伸直）。

技术提示

保持背部直立和颈部处于中立位置并伸直。不要弓背。

核心稳定性

第9章

全身训练

　　体育运动和功能性动作都需要强壮的核心部位。核心部位由躯干和骨盆周围的肌肉组成：腹部肌群和下背部肌群。这些肌肉必须能够发挥移动、稳定和传递力量的功能。上肢的功能性力量（用于投掷棒球等动作）通常在开始阶段是由下身产生的，然后通过核心部位传递至上身。虽然单独地强化这些部位很重要，但是通过全身训练，整体地提升这些部位的功能性力量也同样重要。

　　功能性训练计划应包括促进核心稳定性和上下肢之间力量传递的全身训练。弹性阻力训练可以产生不同的阻力向量，这些阻力向量通过肢体运动结合如深蹲或弓步等动作挑战核心部位的稳定能力。除此之外，弹性阻力训练还可以锻炼如跨步上提或跨步推等全身功能性动作涉及的肌群。

深蹲对角线屈曲

三角肌，腰椎稳定肌群，股四头肌，臀肌

（a）双脚分开与肩同宽，双脚踩在长弹力带（9英尺长）的中段位置。双手分别握住弹力带两端，将弹力带的两端从双脚外侧穿过，在大腿前侧交叉。（b）身体向下呈下蹲姿势，同时双臂向上、向外抬起，完成对角线屈曲动作。缓慢地回到起始姿势。

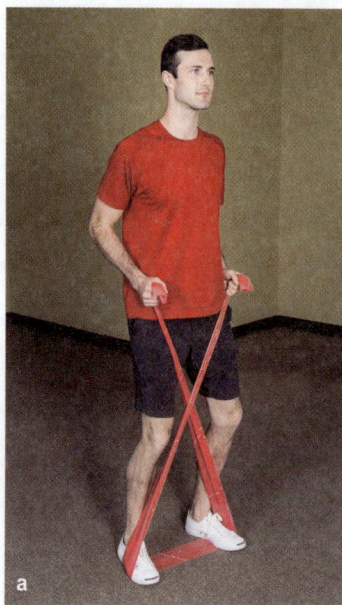

变式

左右手臂同时进行对角线屈曲。为了增加挑战难度，站在泡沫垫上进行该练习。

进阶式

在下蹲的最低点继续抬起双臂，呈过顶姿势。

技术提示

保持背部直立，避免弓背。保持腹部收紧。

变式

迷你蹲反向飞鸟

三角肌，腰椎稳定肌群，股四头肌，臀肌

（a）双脚分开与肩同宽，站在长弹力带的中段位置。弹力带的两端在身体前侧交叉。双手合拢在胸部高度握住弹力带的两端，肘关节屈曲。（b）身体向下，呈迷你蹲（屈髋屈膝大约30度）姿势，同时向外和向上抬起双臂，肘关节在肩部高度屈曲。缓慢地回到起始姿势。注意：这些图片明确地展示了反向飞鸟的动作，但图中模特并没有处于下蹲姿势。

变式

抬起双臂的同时向一侧跨步。

进阶式

横向跨步的同时将双臂上举过头顶。

技术提示

保持背部直立，避免弓背。保持腹部收紧。

变式

全身训练

弓步对角线屈曲

三角肌，腰椎稳定肌群，股四头肌

（a）单脚踩住弹力带的中段，将其牢固地踩在脚下。另一条腿位于后侧，膝关节微屈。双手在髋部高度握住弹力带的两端。双臂向上和向外抬起至超过肩部高度，使双肩进行对角线屈曲的练习。（b）保持躯干直立，前侧膝关节屈曲使身体下沉。

变式

在弓步期间，左右手臂交替进行对角线屈曲。

进阶式

站在泡沫垫上以增加挑战难度。

技术提示

保持背部直立，避免弓背。保持腹部收紧。始终保持躯干直立。

进阶式

弓步药球转体

所有肌群

（a）站姿，将弹力带两端固定在身后稳定的物体上，弹力带中段环绕在腰部。双手握住一个4~6磅的药球，一条腿的膝关节有控制地向前弓步，屈曲45度~60度。（b）在弓步姿势时，让双臂、躯干和药球向左转动，回到中间位置，然后向右转动。在转动期间，有控制地保持直立姿势。换对侧腿向前弓步并重复旋转动作。双腿交替进行，重复几组。

技术提示

在弓步的时候，一定要保持躯干直立的姿势。常见的错误就是在进行前弓步的时候躯干屈曲。

双边下砍

躯干前侧，肩关节

（a）将弹力带的一端固定在头上方的稳定物体上。站在附着点的一侧，双脚前后开立，微微屈髋屈膝。双手在肩部上方靠近附着点的位置握住弹力带。躯干略微地向弹力带方向旋转。（b）双手向下，朝对侧髋关节下拉弹力带，躯干向远离附着点的方向转动。缓慢地回到起始姿势。

变式

以跪姿进行该练习。

进阶式

增加更多的旋转、侧屈，或通过屈曲躯干来带动下砍动作。

技术提示

在动作进行到最大限度时的位置保持背部处于中立位置。避免背部拱起。

变式

双边上提

躯干后侧，肩关节

（a）将弹力带的一端固定在靠近地面的稳定物体上。双脚开立，微微屈髋屈膝。躯干略微地向弹力带方向旋转，站在附着点的一侧，双手握住弹力带。（b）双手向上，朝对侧肩关节上拉弹力带，躯干向远离附着点的方向转动。缓慢地回到起始姿势。

变式

以跪姿进行该练习。

进阶式

增加更多的旋转、侧屈，或通过屈曲躯干带动上提动作。

技术提示

在动作进行到最大限度时保持背部处于中立位置，避免弓背。

变式

全身训练

侧桥单边划船

菱形肌，腰方肌

（a）将弹力带固定在靠近地面的稳定物体上。侧卧，一侧肘关节位于肩部正下方。另外一只手握住弹力带。抬起髋关节至离开地面，使身体呈稳定的侧桥姿势。（b）进行单臂划船练习。缓慢地回到起始姿势。

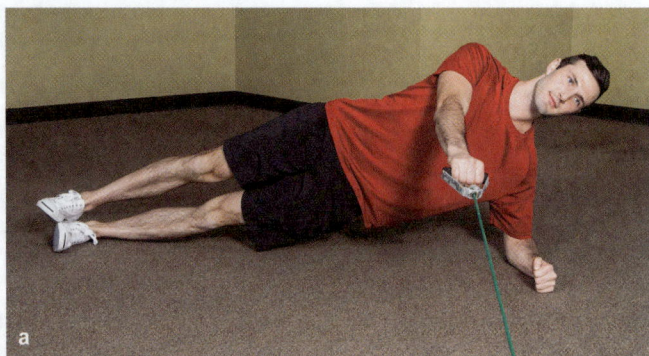

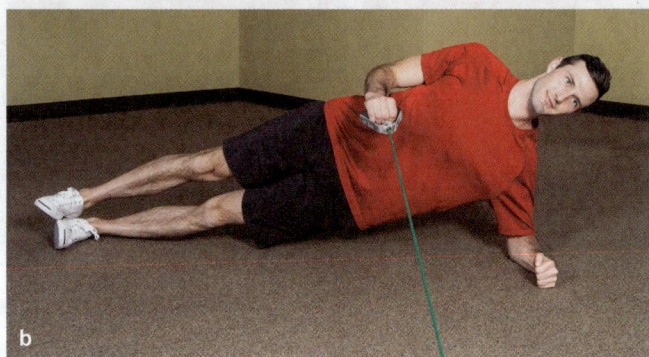

变式

双膝屈曲，保持下侧膝关节和踝关节撑地，抬起髋关节，呈侧桥姿势。

进阶式

保持侧桥姿势，肘关节伸直，手臂向天花板方向伸展至与地面垂直。

技术提示

保持身体对齐，收紧腹肌和臀肌。

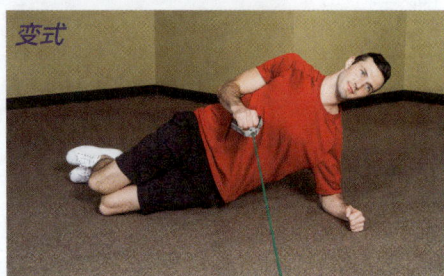

变式

跨步推

胸大肌，肱三头肌

（a）开始时，双脚交错站立，将弹力带的中段环绕在上背部；将弹力带的两端从手臂下方穿过。双手在胸前握住弹力带两端。（b）向前推动弹力带两端的同时后侧腿向前踏一步。缓慢地回到起始姿势。

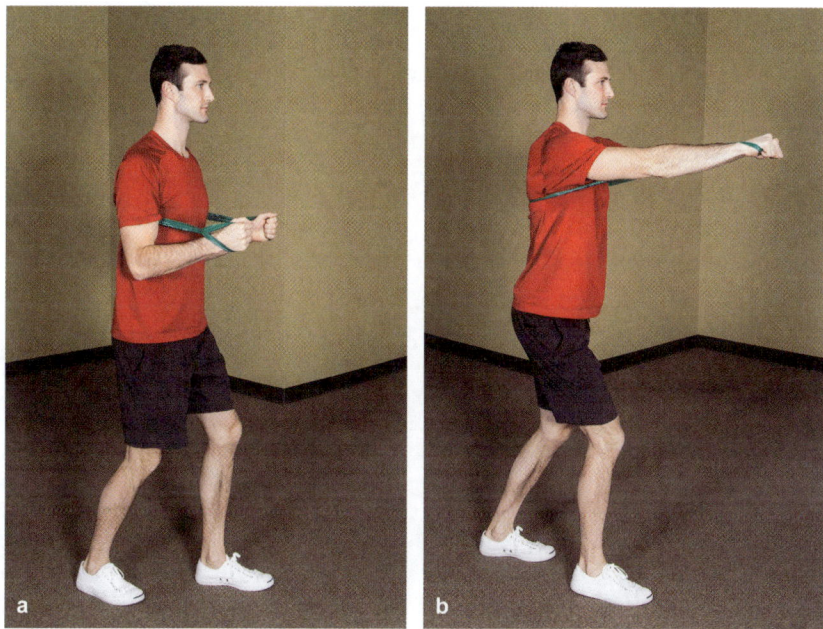

变式

- 改变推动的角度。
- 将弹力带的中段固定在安全的物体上进行该练习。

进阶式

站在泡沫垫上以增加挑战难度。

技术提示

在练习前和练习期间保持腹部收紧。在完成动作时确保背部直立和颈部伸直。

进阶式

全身训练

147

模拟上提

臀大肌，股四头肌，腰椎稳定肌群

（a）开始时，采取半弓步的姿势。前脚踩住弹力带的中段。双膝屈曲，双手在靠近膝关节的位置握住弹力带的两端，保持背部和颈部伸直。（b）对抗弹力带阻力伸髋伸膝至站立姿势，就像抬起一个箱子，直到双膝伸直，双手靠近髋关节。缓慢地回到起始姿势。

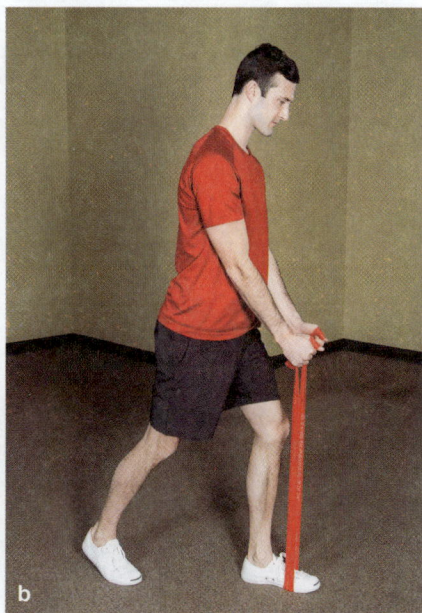

进阶式

站在泡沫垫上以增加挑战难度。

技术提示

利用双腿完成动作。在练习前和练习期间保持腹部收紧。在完成动作时确保背部直立和颈部伸直。不要使背部拱起。

跨步上提

臀大肌，股四头肌，腰椎稳定肌群

（a）一只脚踩住弹力带的中段，另一只脚在身后，双膝屈曲，双手在靠近膝关节的位置握住弹力带的两端，保持背部和颈部伸直。（b）保持踩住弹力带的脚不动，伸髋伸膝，另一只脚向前跨步。同时将弹力带的两端上提至髋关节，就像抬起一个箱子。缓慢地回到起始姿势。

变式

改变提起弹力带两端的高度。

进阶式

- 站在泡沫垫上以增加挑战。
- 向前跨步的同时向头顶上方举起双臂。

技术提示

在练习前和练习期间保持腹部收紧。在完成动作时确保背部直立和颈部伸直。不要使背部拱起。

全身训练

跨步斜推

胸大肌，肱三头肌，三角肌

（a）开始时，双脚交错站立，将弹力带的中段环绕在上背部；将弹力带的两端从手臂下方穿过。双手在胸部高度握住弹力带的两端。（b）向前上方推动弹力带的同时后侧腿向前跨步。缓慢地回到起始姿势。

变式

改变推出弹力带的高度。

进阶式

站在泡沫垫上以增加挑战难度。

技术提示

在练习前和练习期间保持腹部收紧。在完成动作时确保背部直立和颈部伸直。不要使背部拱起。

进阶式

全身训练

反向跨步后拉

菱形肌，背阔肌，臀肌

（a）将弹力带的中段固定在体前与腰部同高的稳定物体上。双手握住弹力带的两端，手臂向前伸展。一只脚在另一只脚的前面。（b）前侧的脚向后跨步，同时双臂向髋关节拉动弹力带。缓慢地回到起始姿势。

变式

改变弹力带附着点的角度。

进阶式

- 站在泡沫垫上以增加挑战难度。
- 在保持肘关节屈曲时，继续对抗弹力带阻力，向后跨步。

技术提示

在练习前和练习期间保持腹部收紧。在完成动作时确保背部直立和颈部伸直。

进阶式

全身训练

向上踏步弯举

股四头肌，臀大肌，肱二头肌

（a）一只脚在平衡台上踩住弹力带的中段，双手握住弹力带的两端。（b）对抗弹力带的阻力，向上屈曲肘关节，同时另一只脚踏上平衡台并抬起。缓慢地回到起始姿势。

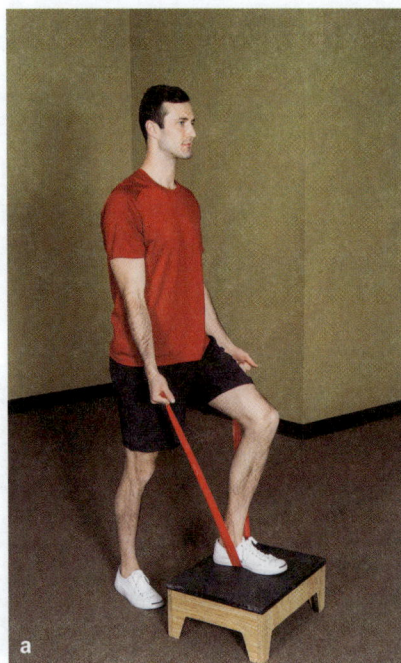

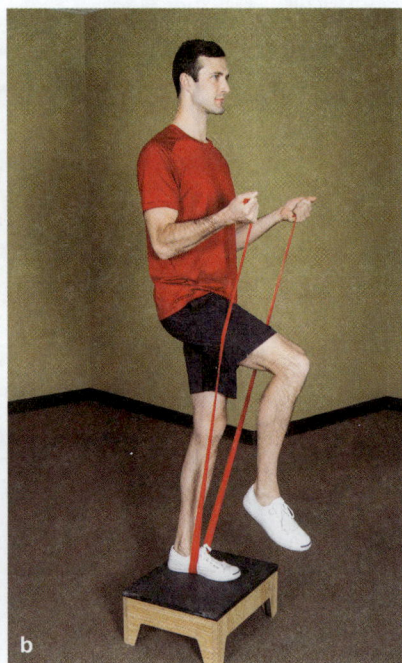

进阶式

- 为了增加挑战难度，在平衡台上放一个泡沫垫。
- 踏步的同时双臂向头顶上方举起。

技术提示

在练习前和练习期间保持腹部收紧。在完成动作时保持背部直立和颈部伸直。不要使背部拱起。

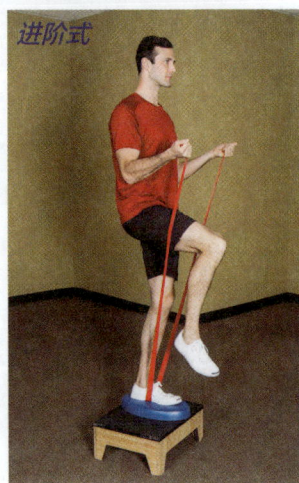

进阶式

肩外旋跨步

肩袖肌群，菱形肌，躯干旋转肌群

（a）将弹力带的一端固定在略微高于腰部的稳定物体上，附着点靠近非运动侧。运动侧的手握住弹力带的另一端，该侧的肘关节在腰部位置屈曲，手臂内侧放一个毛巾卷以保持肘关节靠近体侧。（b）保持前臂与地面平行、肘关节靠近体侧，向外转动肩关节，同时向远离附着点的方向跨步，旋转髋关节和躯干使运动侧脚尖朝向侧面。缓慢地回到起始姿势。

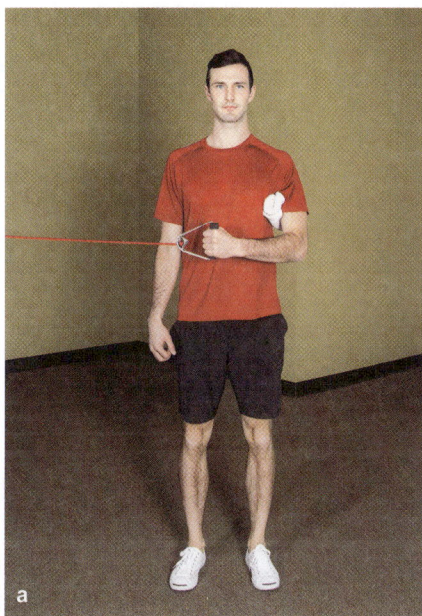

进阶式

- 为了增加挑战难度，脚可以踏在泡沫垫上。
- 对抗弹力带阻力，伸展肘关节，伸直手臂。

技术提示

向一侧跨步时，确保髋关节和躯干同时旋转。

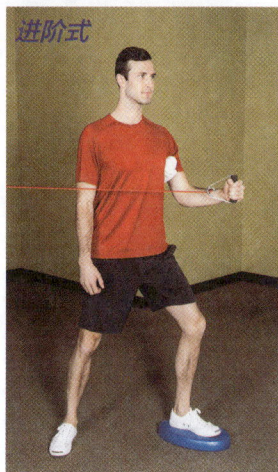

肩内旋跨步

肩袖肌群，胸大肌，躯干旋转肌群

（a）将弹力带的一端固定在略微高于腰部的稳定物体上，附着点靠近运动侧。运动侧的手握住弹力带的另一端，肘关节屈曲，前臂外旋。在运动侧的手臂内侧放一个毛巾卷以保持肘关节靠近体侧。（b）保持前臂与地面平行、肘关节位于体侧，向内转动肩关节，同时向远离附着点的方向跨步，旋转髋关节和躯干使非运动侧脚尖朝向侧面。缓慢地回到起始姿势。

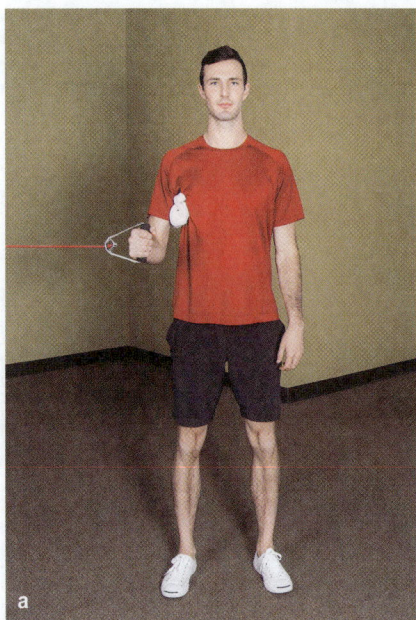

进阶式

- 为了增加挑战难度，脚可以踏在泡沫垫上。
- 对抗弹力带阻力，伸展肘关节，伸直手臂。

技术提示

向一侧跨步时，确保髋关节和躯干同时旋转。

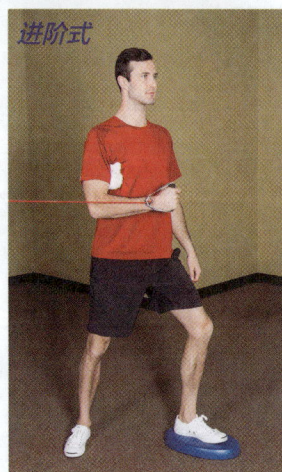

进阶式

第 10 章

老年人训练

　　大部分与衰老有关的伤残问题实际上是由于缺乏活动。导致老年人伤残最主要的因素之一就是肌肉减少，也就是与年龄相关的肌肉量减少。幸运的是，在一定程度上肌肉减少可以通过力量训练来逆转。然而，老年人不太可能进行力量训练，因为他们害怕受伤或缺乏器材和设施。弹性阻力训练使老年人进行力量训练变得容易，甚至可以使他们舒适地坐在椅子上进行锻炼。事实上，一根弹力带就可以有效地复制任何等张训练或基于健身器械的训练。

　　除了增加力量和肌肉量，老年人可以通过力量训练减少疼痛和降低伤残率，改善身体功能，甚至降低跌倒的风险。老年人进行力量训练的关键在于使用合理的强度。老年人提升力的空间巨大，尤其是那些长期不运动的人。然而，如果没有足够的强度，力量的增加可能被最小化。因此，根据ACSM的力量训练建议，为老年人制定恰当的抗阻练习是很重要的（Garber et al., 2011）。

- 每周有2~3天的时间锻炼每个主要肌群。
- 在训练的初期阶段，让老年人采用很低或较低的强度（1RM的40%~50%）来改善力量；采用1RM的20%~50%来改善爆发力。
- 每组练习至少重复10~15次。
- 逐渐地增加阻力或每组的重复次数。

　　显然，健康的老年人不需要医师的许可就可以开始适度的体育活动。然而，有不良身体状况的老年人应该先经医师许可再开始训练计划。

　　弹性阻力训练对老年人来说既安全又有效。与其他抗阻训练一样，要提醒老年人不要闭气，在重复的练习之间进行放松。这里所列的练习是专门针对处于抗阻训练起步阶段的老年人而制定的。老年人可以从坐姿开始，然后逐渐进入理想的站姿练习，从而整体地提高平衡能力和力量。在适当的时候，老年人也可以进阶到前面章节的练习和训练计划。

> **技术说明**
>
> 进行本章中所有的练习时应该遵循以下建议。
>
> - 保持姿势稳定。保持背部伸直，不要驼背或向前倾斜。
> - 避免任何引起疼痛的练习。
> - 正常呼吸，并在每次重复之间放松。
> - 使用安全的握法和附件。

颈部稳定练习

深层颈部屈肌，肱三头肌，三角肌

（a）站姿，身体直立，将弹力带中段环绕在头后。双肩抬起至与躯干成90度（肩部高度），肘关节屈曲接近90度，双手握住弹力带的两端。（b）保持头部和颈部在中立位置对齐，轻轻地伸直（伸展）肘关节。缓慢地回到起始姿势，头部或颈部不要移动。

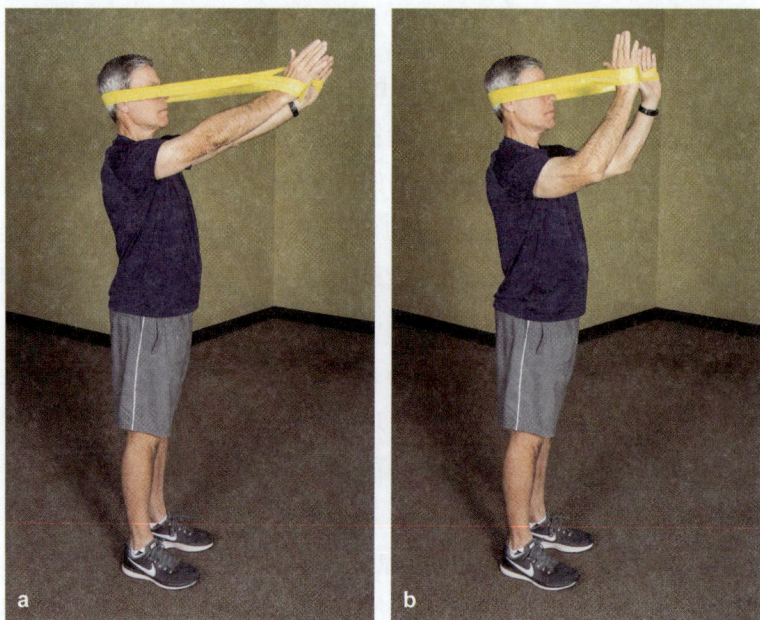

肘关节弯举

肱二头肌

（a）双脚踩住弹力带的中段，双手握住弹力带的两端。肘关节位于身体两侧。（b）保持手腕伸直，屈曲肘关节让双手到达肩部。缓慢地回到起始姿势。

变式

左右手臂交替练习。

进阶式

双脚交错站立进行练习。

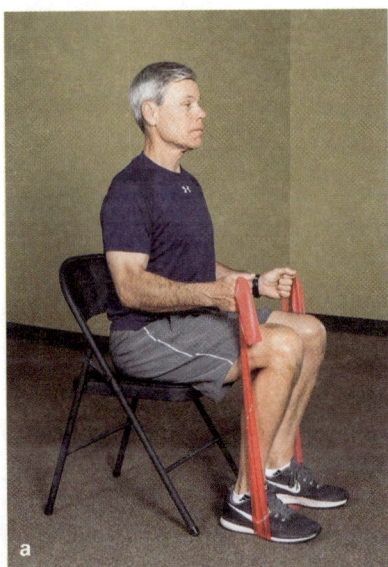

肘关节伸展

肱三头肌

（a）将弹力带的中段环绕在颈后，双手握住弹力带的两端，肘关节屈曲。（b）保持手腕伸直，对抗弹力带的阻力，伸展肘关节至其伸直。缓慢地回到起始姿势。

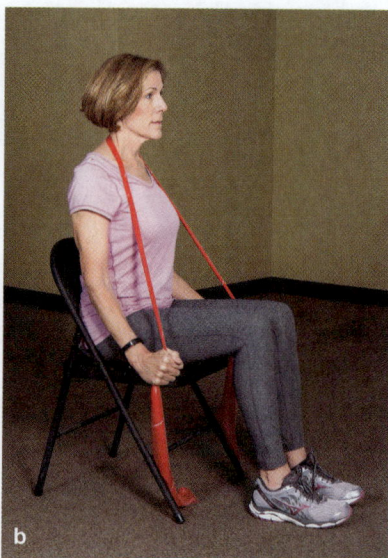

变式

左右手臂交替练习。

进阶式

双脚交错站立进行练习。

技术提示

保持颈部伸直，避免头部向前伸。

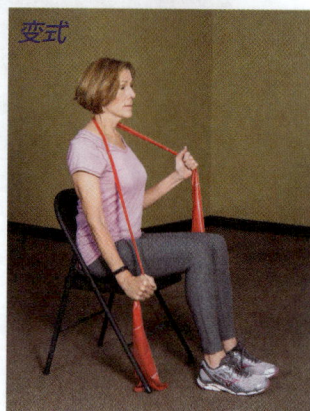

胸前推

胸肌，三角肌前束

（a）将弹力带环绕在上背部。双手握住弹力带的两端，肘关节屈曲，掌心相对。（b）向前推动弹力带，伸展肘关节至肩部高度。缓慢地回到起始姿势。

变式

- 左右手臂交替练习。
- 改变双臂推出的高度（高于或低于肩部高度）。

进阶式

双脚交错站立进行练习。

变式

前平举

胸肌，三角肌前束，下背部

（a）一只脚踩住弹力带的中段（为了安全，可以将弹力带环绕在脚上）。双手握住弹力带的两端。（b）保持肘关节在体前伸直，将弹力带拉起至肩部高度。缓慢地回到起始姿势。

变式

左右手臂交替练习。

进阶式

双脚交错站立进行练习。

过顶推举

三角肌，肱三头肌

（a）一只脚踩住弹力带的中段，双手掌心朝前握住弹力带的两端。（b）双臂向前上方推举，肘关节伸直，掌心朝前。缓慢地回到起始姿势。

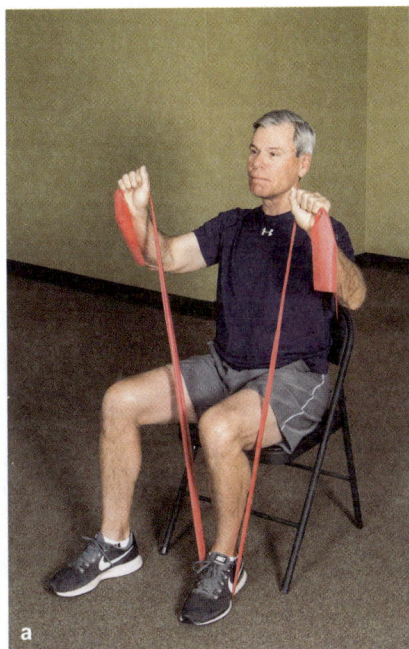

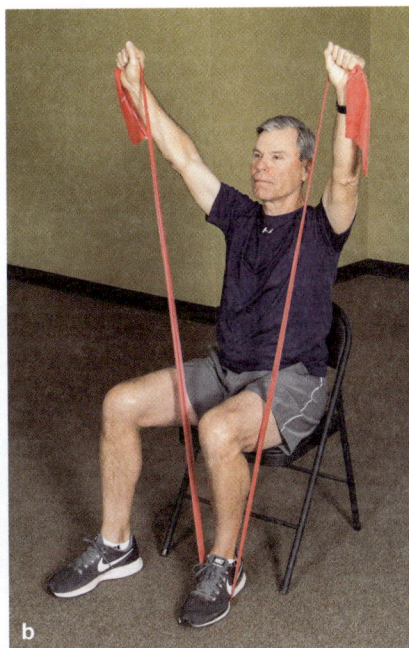

变式

左右手臂交替练习。

进阶式

以站姿进行练习。

技术提示

当肘关节上举高度高于肩部时，如果感觉到任何疼痛，那么只上举到肩部下方即可。

老年人训练

侧平举

三角肌

（a）双脚踩住弹力带的中段，双手掌心朝前握住弹力带的两端。（b）保持肘关节伸直，弹力带从身体两侧向上方拉动。缓慢地回到起始姿势。

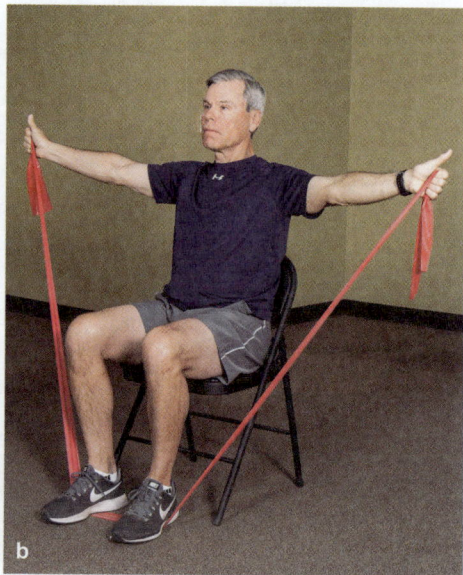

变式

左右手臂交替练习。

进阶式

以站姿进行练习。

技术提示

当肘关节上举高度高于肩部时，如果感觉到任何疼痛，那么只上举到肩部下方即可。

坐姿划船

三角肌后束，肩胛骨稳定肌群，肱二头肌

（a）将弹力带的中段固定在体前的稳定物体上。双手握住弹力带的两端，肘关节伸直。

（b）肘关节屈曲，向后上方拉动弹力带。保持手腕伸直。缓慢地回到起始姿势。

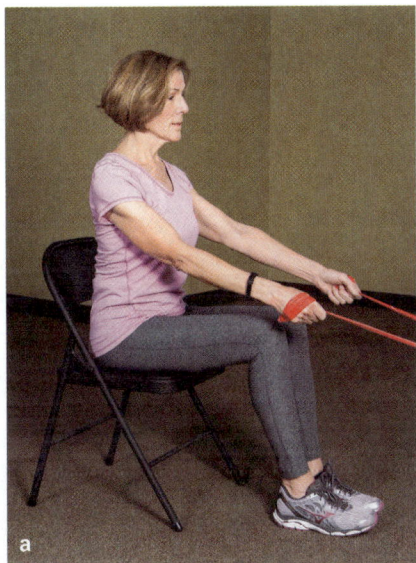

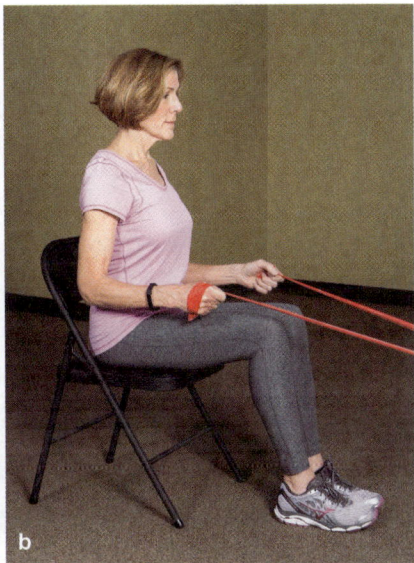

变式

左右手臂交替练习。

进阶式

以站姿进行练习，将弹力带中段固定在稳定物体或门上。

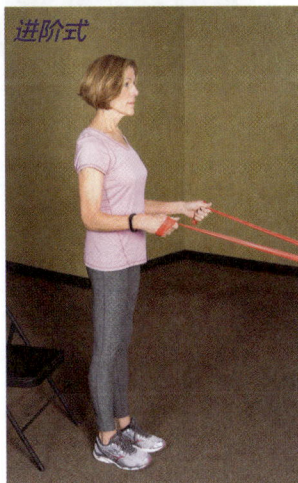

老年人训练

过顶下拉

背阔肌，肩胛骨稳定肌群

（a）双手在头部上方握住弹力带，肘关节伸直。（b）向身体两侧下拉弹力带至双手位于肩部高度，肘关节保持伸直。保持几秒，然后缓慢地回到起始姿势。

变式

左右手臂交替练习。

技术提示

保持肘关节伸直，不要圆肩。

后拉练习

肩胛骨稳定肌群，三角肌后束

　　（a）双手在体前肩部高度握住弹力带，拉紧松弛的弹力带。（b）向外拉动弹力带，保持肘关节伸直，肩胛骨夹紧直到双臂伸展至身体两侧。保持双臂在肩部高度且平行于地面。缓慢地回到起始姿势。

变式

　　左右手臂交替练习。

进阶式

　　以站姿进行练习。

技术提示

　　保持肘关节伸直，不要圆肩。

进阶式

老年人训练

直立提拉

斜方肌上束，三角肌

（a）一只脚踩住弹力带的中段，双手掌心朝下握住弹力带。（b）将弹力带朝下颌方向拉动，肘关节向上抬起。保持几秒，然后缓慢地回到起始姿势。

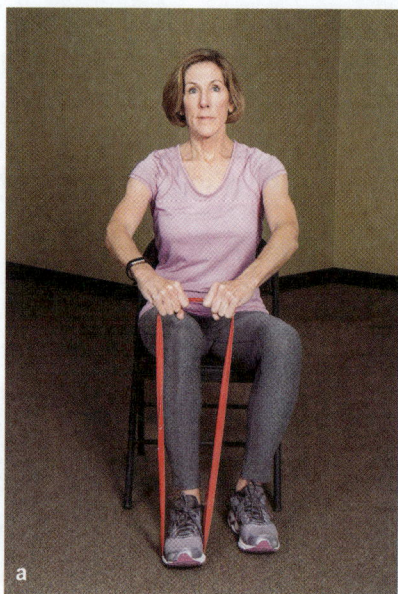

变式

增加双手之间的距离。

进阶式

双脚交错站立进行练习。

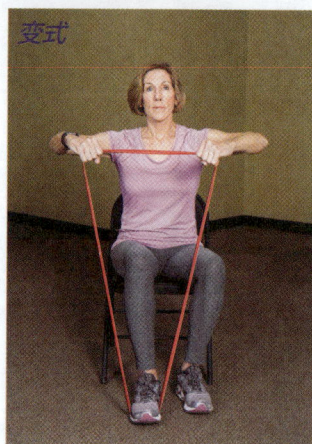

变式

老年人训练

髋关节上提

屈髋肌群

（a）将弹力带的中段环绕在运动侧的膝关节上方，两端绕过对侧脚的脚底，在膝关节外侧单手握住弹力带的两端。（b）对抗阻力，缓慢地屈髋关节，向上拉动弹力带。保持几秒，然后缓慢地回到起始姿势。

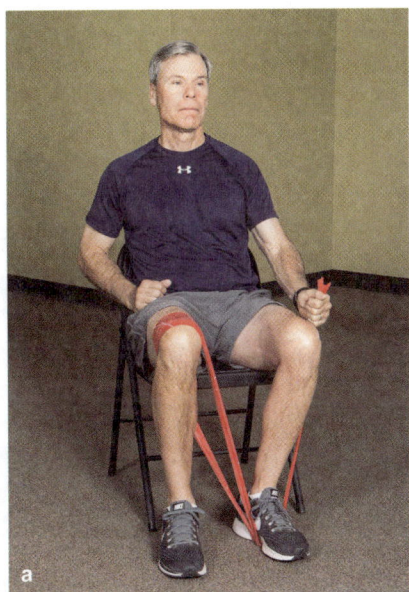

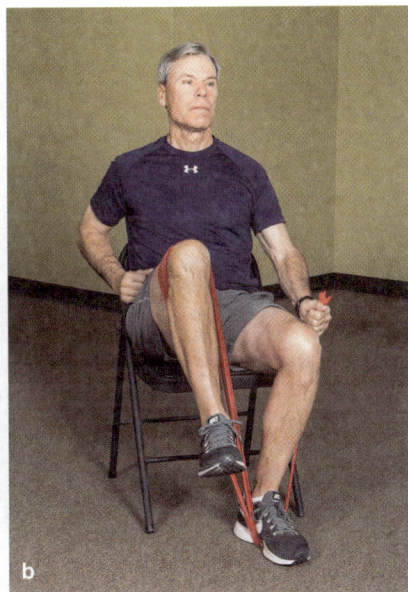

变式

将弹力带中段环绕在脚上而不是大腿上。

进阶式

朝外上侧抬起，锻炼髋关节的侧面。

技术提示

保持身体正直，不要向前倾斜或使背部拱起。

变式

腿部蹬伸

臀大肌，股四头肌

（a）将弹力带的中段环绕在一只脚上。双手在胸部前方握住弹力带的两端。屈髋屈膝的同时拉紧松弛的弹力带。（b）伸髋伸膝，脚向下蹬弹力带。保持几秒，然后缓慢地回到起始姿势。

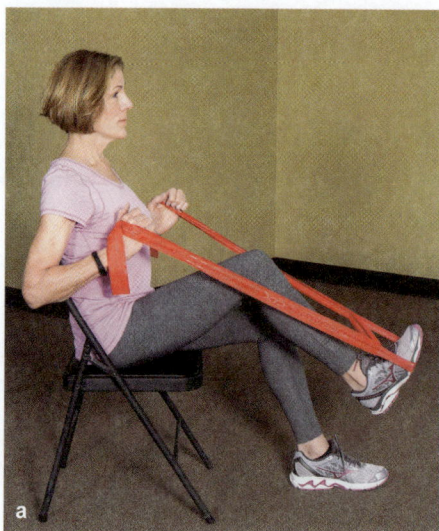

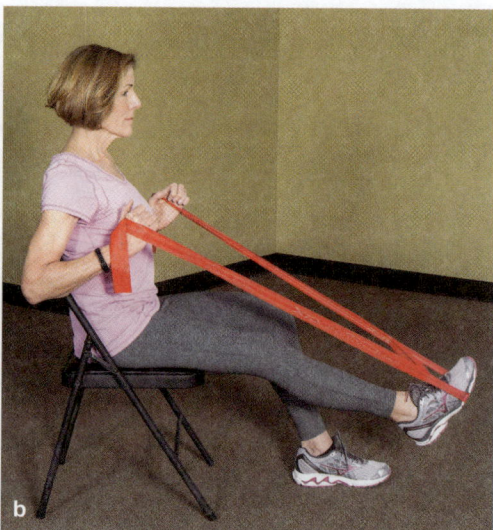

变式

增大髋关节或膝关节屈曲的角度。

进阶式

以站姿进行练习。如果需要，确保附近有稳定的物体以保持平衡。

技术提示

保持身体正直，不要前倾。

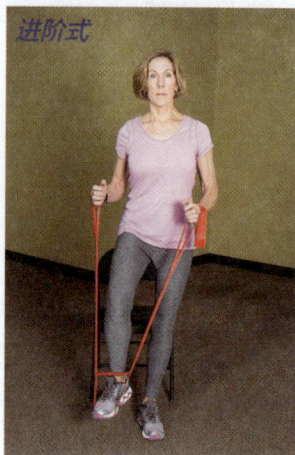

老年人训练

椅子下蹲

臀大肌，股四头肌

（a）站在椅子前，双脚踩住弹力带的中段。双手在体侧握住弹力带的两端。臀部略微地后倾但不触碰椅子，同时缓慢地屈膝。缓慢地回到起始姿势。

变式

（b）改变下蹲的深度，逐渐地从迷你蹲的深度进阶到触碰椅子的深度。

进阶式

改变双手的位置。例如，在胸部或身体前方握住弹力带的两端。

技术提示

不要弓背。

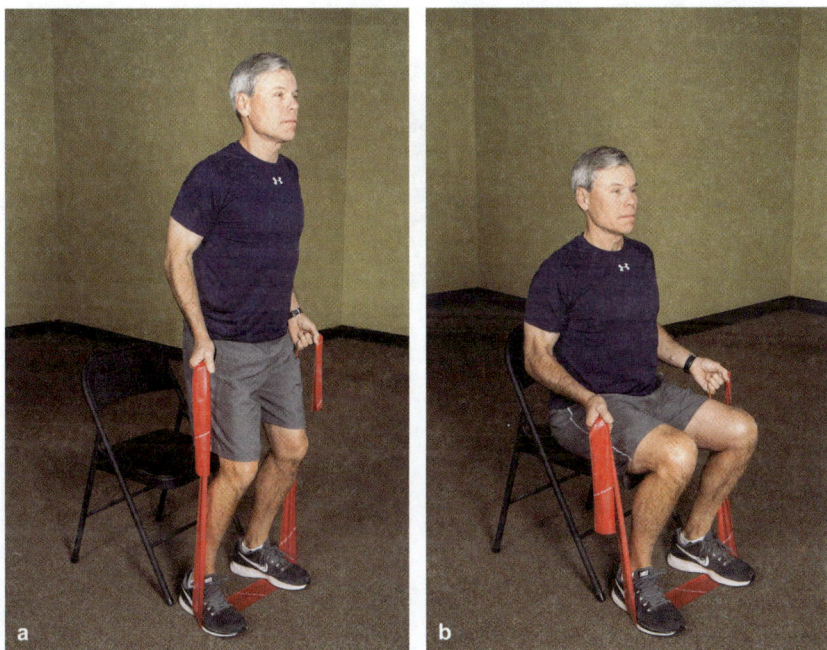

老年人训练

腿部伸展

股四头肌

（a）将弹力带的中段环绕在运动侧的踝关节上，两端绕过对侧脚的脚底，在膝关节外侧单手握住弹力带的两端。（b）对抗弹力带阻力，缓慢地伸展腿部直到膝关节伸直。保持几秒，然后缓慢地回到起始姿势。

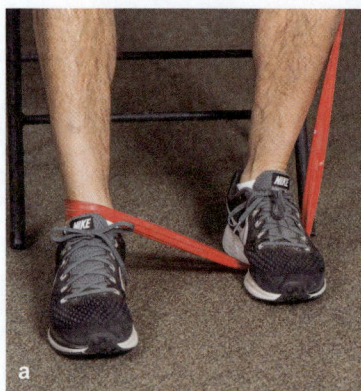
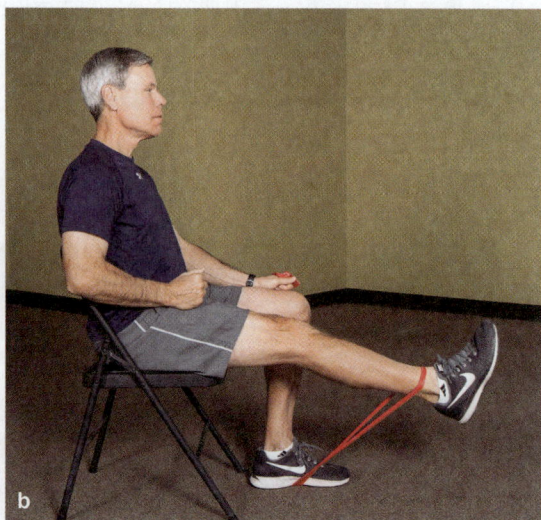

变式

进行较小弧度的移动。

进阶式

在膝关节伸直的时候，抬高腿部。

技术提示

不要弓背。

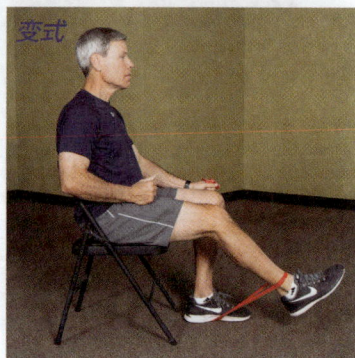

膝关节屈曲

腘绳肌

（a）将弹力带的中段环绕在运动侧的踝关节上，两端绕过对侧脚的脚底，在膝关节外侧单手握住弹力带的两端。（b）对抗阻力，缓慢地屈膝，向后拉动弹力带。保持几秒，然后缓慢地回到起始姿势。

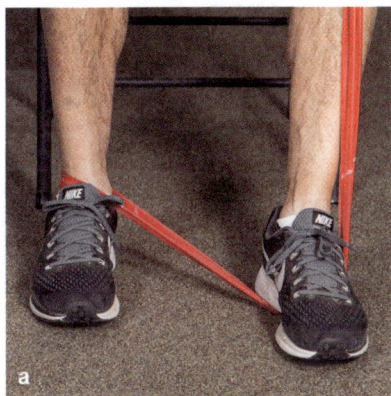
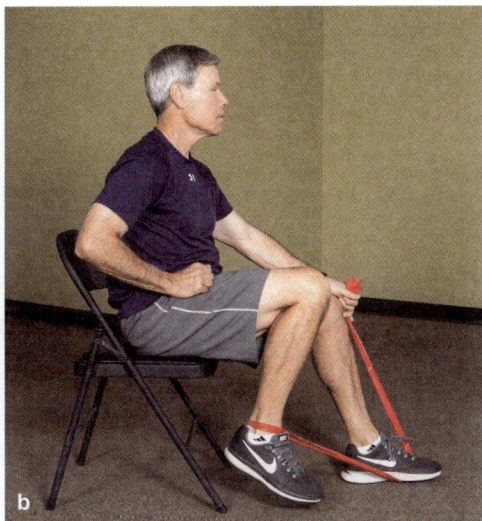

变式

进行较小弧度的移动。

进阶式

以站姿进行练习。

技术提示

不要弓背。

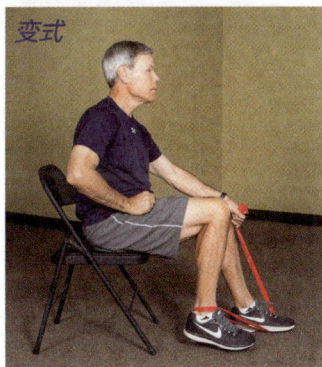

踝关节背屈

胫骨前肌，腓骨肌群

（a）将弹力带的中段环绕在运动侧的前脚掌上，两端绕过对侧脚的脚底，在膝关节外侧单手握住弹力带。（b）对抗弹力带的阻力，向上抬起脚尖，保持足跟着地。保持几秒，然后缓慢地回到起始姿势。

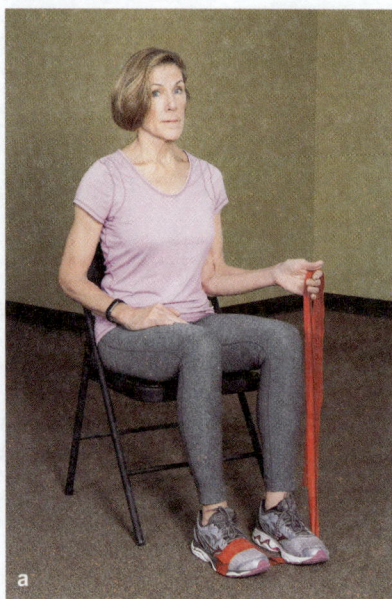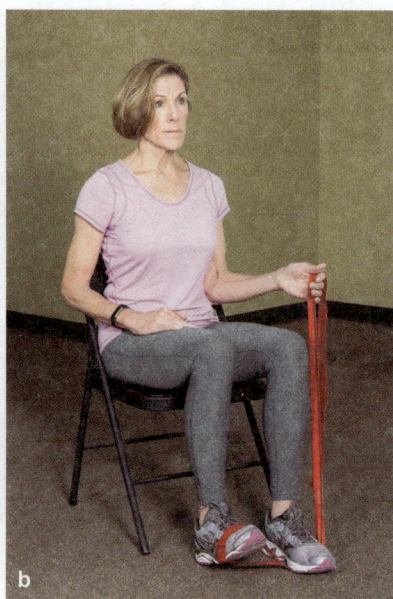

变式

向外上侧抬起脚尖以提高踝关节外侧的激活水平，不要扭转胫骨。

进阶式

以站姿进行练习。

技术提示

不要弓背。

踝关节跖屈

腓肠肌，比目鱼肌

（a）将弹力带的中段环绕在运动侧的脚底。双手在靠近胸部的位置握住弹力带的两端，运动侧的腿伸直。（b）对抗弹力带的阻力，脚尖向下压。保持几秒，然后缓慢地回到起始姿势。

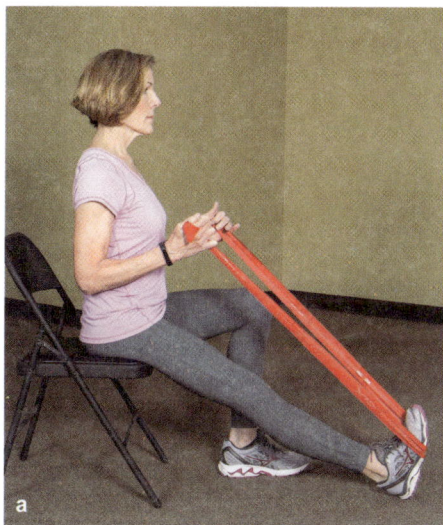
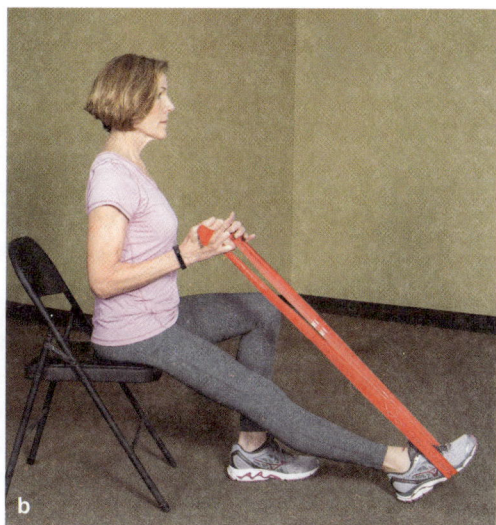

变式

在对抗阻力向下压弹力带时，保持膝关节略微屈曲。

进阶式

以站姿进行练习。

技术提示

不要弓背。

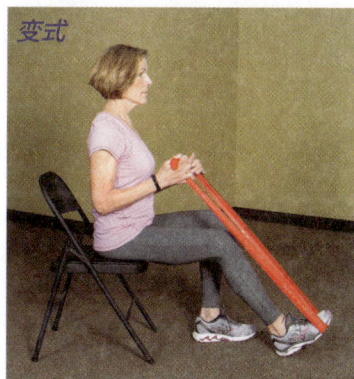

变式

第3部分

弹性阻力训练计划

第11章

最佳的健身训练

抗阻训练是健身训练计划成功的关键部分。在抗阻训练中，必须强调的一个重要因素就是用户改变或推进训练计划的能力。这种灵活性能够让用户持续训练，即使位置、行程或环境发生暂时或长久的变化。如今包括运动员在内的很多人经常旅行，不太可能一直在固定的时间和地点训练。当人们在旅行或无法去健身房时，带上弹力带这类便携式的健身器材是非常必要的。对于许多人来说，坚持抗阻训练可以保持健康，无关乎参加某项特定的体育运动或活动，而是为了提高肌肉系统的整体力量和耐力，保持最佳的健康状态。本章的目的在于提供综合且可执行的抗阻训练计划，让人们提高和保持全身的力量和肌肉耐力，从而获得健康。弹性阻力训练固有的优点使得只是简单拉长弹力带或选择不同密度的弹力带就可以不断提高练习模式或循环练习的难度。因此，这样一个方便且逐渐进阶的训练计划，可以让用户不断地挑战自己，提高健身水平。

本书中几乎所有的练习都可以在任何时间、任何地点进行，如健身房、豪华度假酒店、网球俱乐部或者家里。另外，弹性阻力可以为多种类型的运动提供持续可靠的阻力，从而训练整个身体。为了达到最佳的身体状况，本章提供了一系列循环抗阻训练计划。针对上肢、下肢以及核心部位，训练被分为不同的部分。弹性阻力以及循环训练计划的一个重要优势在于能够将重点从一个部位转移到另一个部位。循环训练可以在不同的时间强调不同身体部位的训练。例如，上肢循环训练和下肢循环训练交替隔日进行，或者制订一个全身的循环训练计划，该循环训练计划包含上肢、下肢和躯干这三大主要部位。只需选择关键的练习，然后把这些练习组合成一个可以重复的循环训练；最后通过安全、稳定的附着点固定弹力带或弹力绳，或者让同伴来固定，从而独自进行训练。个人可以根据指定的需求（见第3章）在一年内改变训练的重点。许多人需要大量的核心训练来提高整体的健康水平，因此可以通过运用循环训练法，增加训练的次数来改善核心部位。

旅途中的训练

本章所有训练的目的在于让人们可以在任何地方进行练习，这对在旅途中想要保持健康以及进行锻炼的人来说是最佳选择。所有使用弹力带、环状弹力带或弹力绳的练习，可以用枕头、毛毯或卷起的毛巾代替不太容易携带的泡沫垫或平衡台，从而使练习变得更加具有挑战性。因为人们在旅途中经常没有充足的时间健身，所以本章提供了15~30分钟的循环训练，其中包括大量的多关节练习，让多个肌群共同收缩，针对多个肌群制订出非常有效的训练计划。多关节练习具有强大的功能，是康复或训练计划中的关键。这些练习不仅节约时间，同时具有强大的功能作用，因为人类从事的大部分功能性活动并不是单独的肌肉收缩所能完成的，而是需要一系列肌肉激活和同步收缩来开启运动、稳定及制动身体。

在旅途中或其他地点执行健身训练计划的时候，应该考虑到一些注意事项。虽然以下计划中涉及的练习都可以在非常狭窄的空间内完成，对弹力带附着点的要求也很简单和基础。但是，确保弹力带或弹力绳附着点的安全是非常重要的。因为也许酒店中的家具和门并不如正规健身场所中使用的器械那么牢固和稳定。通过简单地增加一些练习就可以让这些训练计划变得非常个性化。例如，如果你曾经膝关节受伤，那么你可能希望通过采用前文提到的练习来强化股四头肌；如果你是一名网球运动员或高尔夫球手，可能会加入一些关于肩袖肌群和肩胛骨的练习。对于本书提供的训练计划，可以根据个人所需和具体要求制订或定制最佳的健身计划。

为了健康的循环训练

因为循环训练的特殊益处，所以在本章采取循环训练的形式。循环训练包括连续进行的一系列练习，且期间只有短暂的休息，目的在于强化心血管系统。使用负重或弹性阻力进行循环训练，除了可以提升力量，还有益于心血管系统健康。因此，循环训练对心血管系统有积极作用，因为它能激活孤立的肌群，并通过多关节练习对身体的大部分部位施加压力。

循环训练有许多变式，也可以通过操控或改变变量来影响训练效果，更具体地来说，是身体对训练的反应。但是一般而言，建议多做几组练习，每组之间只有15~20秒的短暂休息。这使得训练计划不仅具有时效性，而且能增加心血管系统的负荷。每组采用较高的训练量（如重复12~15次）将有益于提高局部肌肉耐力，高训练量结合短暂的间隔时间可以训练心血管系统。

循环训练不仅是基于重复次数的训练，还是基于时间的训练。为了提高训练强度，人们可以用限时的练习代替较高的重复次数。例如，循环训练通常建议一个练习的训练周期为15~30秒，再加上15~30秒的休息时间。从生理学的角度来说，如果进行30秒的练习且只休息15秒将增加心血管系统的压力，而且远大于利用弹性阻力进行15秒的练习后休息30秒对心血管系统产生的压力。改变练习与休息的周期是训练中常见的做法。对于一名网球运动员来说，可以训练15秒后休息30秒来模拟肌肉系统遇到的挑战，这是一个特殊的例子。在循环训练期间，训练量和休息时间是重要的考虑因素。

循环训练中需考虑的另外一个因素就是练习的顺序。在循环训练模式中，肌群通常以交替的顺序进行锻炼。例如，在肱二头肌的练习后进行腘绳肌练习，这使得第一块肌肉不仅在短暂的休息期内得到休息，而且在锻炼第二块肌肉时也得到休息。然而，如果个体希望进一步提升肌肉耐力和挑战更大的疲劳反应，则可以对一块肌肉连续地进行两种或多种练习，并减少休息时间。例如，在肱二头肌弯举的练习后，继续做划船动作，这两个练习都能强化肱二头肌，从而提供超负荷以增强训练效果。使用这两种方法可以实现不同的目标。仅仅改变练习的顺序就可以改变对正在训练的肌肉或肌群的负荷或要求。

有了这里详细介绍的调整类型，以下的循环训练是实现诸多健身目标的一个极好的办法。在开始练习之前，花点时间确定附着点和附着方式是否合理、安全，且适合即将进行的练习。

上肢循环训练15

推荐的训练量：进行2组或3组，每个练习重复12~15次，每组之间和每个练习之间休息15~20秒。

胸前推	第72页
背阔肌下拉	第82页
肘关节伸展*	第49页
肱二头肌弯举	第48页
坐姿划船	第79页
肩胛骨练习	第44页
单侧肩关节内旋	第45页
单侧肩关节外旋	第46页

*使用跟背阔肌下拉相同的附着点。

上肢循环训练30

推荐的训练量：进行2组或3组，每个练习重复12~15次，每组和每个练习之间休息15~20秒。

胸前推	第72页
反向飞鸟	第80页
锯肌拳击	第47页
俯身划船	第83页
背阔肌下拉	第82页
肘关节伸展*	第49页
肱二头肌弯举	第48页
坐姿划船	第79页
手腕屈曲	第50页
手腕伸展	第51页
肩胛骨练习	第44页
单侧肩关节内旋	第45页
单侧肩关节外旋	第46页

*使用跟背阔肌下拉相同的附着点。

下肢循环训练15

推荐的训练量：进行2组或3组，每个练习重复12~15次，每组和每个练习之间休息15~20秒。

前蹲	第114页
单腿蹲	第116页
腿部蹬伸	第119页
膝关节屈曲	第62页
踝关节跖屈	第66页
侧弓步	第112页
CLX罗马尼亚硬拉	第231页
弓步	第110页

下肢循环训练30

推荐的训练量：进行2组或3组，每个练习重复12~15次，每组和每个练习之间休息15~20秒。

前蹲	第114页
单腿蹲	第116页
髋关节外展	第60页
腿部蹬伸	第119页
髋关节伸展	第59页
蚌式	第106页
反向蚌式	第107页
膝关节屈曲	第62页
踝关节跖屈	第66页
踝关节背屈	第65页
侧弓步	第112页
CLX罗马尼亚硬拉	第231页
深蹲对角线屈曲	第140页
消防栓	第124页
下蹲行走	第118页

循环训练

核心循环训练15

推荐的训练量：进行3组，每个练习持续30秒，每组和每个练习之间休息15~20秒。

仰卧卷腹	第126页
坐姿背部伸展	第134页
斜向卷腹	第127页
环状弹力带臀桥	第103页
躯干旋转**	第131页
侧桥单边划船	第146页
四足稳定练习	第137页

** 每侧训练两组。

核心循环训练30

推荐的训练量：进行3组，每个练习持续30秒，每组和每个练习之间休息15~20秒。

仰卧卷腹	第126页
蚌式	第106页
坐姿背部伸展	第134页

斜向卷腹	第127页
环状弹力带臀桥	第103页
躯干旋转 **	第131页
侧桥	第136页
四足稳定练习	第137页
侧桥单边划船	第146页

** 每侧训练两组。

循环训练

爆发力项目运动员

弹性阻力训练可以为爆发力项目运动员提供主要的损伤预防训练内容，例如，像CrossFit这样的运动员，他们为了健身和比赛，在训练中把身体各方面的能力发挥到极限，这样很容易发生损伤。弹性阻力训练的重要应用之一在于其作为补充训练可以辅助CrossFit运动员，为他们提供具有价值的训练，从而提供和保护宝贵的肌肉平衡能力。以下表格中列出的练习对这类运动员来说很关键，这些练习为他们提供关节稳定性，以及协助身体承担和控制高水平训练中固有的大量负荷。

注意：因为这些练习的关键目的在于提高爆发力项目运动员的肌肉稳定性，所以建议采用低阻力、高重复次数的练习。每个练习重复多组对提高肌肉耐力很重要。

推荐的训练量：进行3组，每个练习重复12~15次或持续30秒，每组和每个练习之间休息15~20秒。

单侧肩关节外旋	第46页
肩关节90度外旋	第95页
坐姿划船	第79页
双侧伸展加后缩	第85页
弹力带快踢	第122页
怪兽行走	第117页
蚌式	第106页
仰卧卷腹	第126页
下腹卷腹	第128页
四足稳定练习	第137页
坐姿背部伸展	第134页

第12章

团体项目

　　本章将重点介绍团体项目的具体训练计划，包括许多以多方向动作为特征的项目，以及涉及上肢和下肢专项运动模式的项目。在团体项目中，弹性阻力训练可作为练习和比赛的准备和恢复训练，还可以作为独立训练，以提高运动表现与预防损伤。

棒球与垒球

棒球运动员和垒球运动员的动作重复性非常高，尤其是投掷动作。虽然此类项目的下肢动作模式都很相似，但是仍有一些特定的动作可以运用在这两个项目中。肩关节和肘关节的过度使用性损伤在棒球和垒球运动员中尤其常见。重点发展上背部和肩关节区域的肌群（肩袖肌群和肩胛骨肌群）对维持合理的肌肉平衡及预防损伤是极其重要的。下表所列的肩关节和肘关节的基础练习对棒球和垒球运动员来说是预防损伤的关键。鉴于上肢肌肉在投掷时对手臂减速起着重要的作用，所以在练习时要重视投掷动作的缩短和拉长阶段，所有的弹性阻力训练也是如此。此外，在项目模拟练习里所列的下肢练习不仅对投掷和击球动作很重要，能为所有上肢活动建立基础，而且对改善身体姿势和形成爆发动作的能力很重要。额外的下肢练习可以被整合到训练计划中，以改善棒球与垒球运动员的运动表现。

垒球运动特有的一个动作就是低手投掷，本节包含了为投手准备的模拟投掷练习。这些练习给肌肉施加超负荷，如在低手风车式投球模拟练习期间加速手臂向前的动作。然而，这些练习应该和肩袖肌群的基础练习相结合，采取一个完整的训练方式以保护掷球臂，以及使其功能最大化。

基础练习

项目模拟练习

击球模拟练习

躯干旋转肌群，臀肌，股四头肌，小腿肌肉

（a）将弹力带的一端固定在与胸部等高的稳定物体上，将弹力带的另一端环绕在手上，就像握住球棒一样。（b~c）你可以在没有球棒的情况下通过模拟手部动作来完成练习。采取击球的姿势，模拟挥棒动作略微超过击球点的正常范围。

棒球与垒球

手套侧弓步

所有肌群

　　将弹力带的两端固定在与腰部等高的稳定物体上，中段环绕在腰部。向远离附着点的方向有控制地跨出一大步，俯身，双臂伸展，模拟接球的姿势。缓慢地回到起始姿势。

投球模拟练习

所有肌群

　　将弹力带的一端固定在与肩部同高的稳定物体上，另一端环绕在投球的手上。背对附着点，手里拿着球，模拟投球的动作，包括随球动作。利用弹力带的阻力温和地给参与投球动作的肌肉增加负荷。缓慢地回到起始姿势。

低手风车式投球模拟练习

所有肌群

　　手握一个球和弹力带或弹力绳的一端。将弹力带或弹力绳的另一端固定在与腰部等高的稳定物体上。采取投掷姿势，手臂向后伸展，刚好在肩部高度以下。利用投掷力学原理，向前跨步，带动手臂向前，直到略微超出身体（刚好超过正常的投球点）。缓慢地回到起始姿势。

排球

排球项目的下肢动作具有极高的重复性和高要求性，如弓步和跳跃；同时还结合了专业的上肢动作，如拦网、传球、扣球和垫球。排球运动员需要对肩关节旋转有极好的控制，尤其是发球和扣球，涉及过顶动作（90度）。肌肉平衡对排球运动员来说很关键，增强上背部和肩关节区域的肌肉力量有益于提高平衡性和稳定性。

髌腱炎是经常出现在排球运动员身上的一个严重的损伤问题。该损伤来自排球运动本身固有的反复性跳跃动作。预防和治疗该损伤的练习包括锻炼股四头肌，重点在于肌肉的拉长或离心运动，以及强化髋关节和核心部位。例如，深蹲和弓步等强调缓慢下降或肌肉拉长阶段的动作是排球运动员下肢训练计划中的关键内容。

基础练习

项目模拟练习

发球模拟练习

所有肌群

　　一只脚在身后踩住弹力带的一端，发球手握住弹力带的另一端。当手臂处于发球动作的起始姿势时，让弹力带保持一定的张力。向前一步，对抗弹力带阻力，模拟发球动作，然后有控制地回到起始姿势。

排
球

拦网模拟练习

所有肌群

　　将一个环状弹力带环绕在两侧手腕。双臂举过头顶，双手分开几英寸。将双手向侧边、前侧、斜对角和后侧移动，持续15~20秒。肘关节保持略微屈曲。多重复几组。

垫球怪兽行走

所有肌群

　　将环状弹力带环绕在踝关节上。反复地垫球，然后跟随球移动，双腿做出调整，对抗弹力带阻力移动。变式：和同伴相互传球。

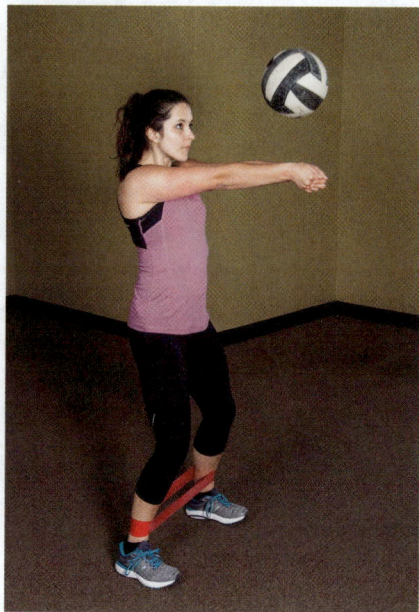

橄榄球

橄榄球作为一项带有冲撞性质的体育运动，可能给运动员造成各种各样潜在的损伤，包括脑震荡、骨折、过度使用性损伤，如肌腱炎和肌肉拉伤。另外，在球场上的位置对运动员的训练和练习需求有着巨大的影响。例如，四分卫运动员必须在多个方向上移动，承受撞击，进行大量的旋转动作，同时承受类似于棒球或网球运动员反复投掷动作带来的压力。这些广泛的要求使得为橄榄球运动员设计训练计划非常具有挑战性。

无论在球场上是什么位置，几乎所有的橄榄球运动员都需要多方向的爆发力和强大的上肢力量。一些特定的练习，如上肢的爆发式动作，适合多个位置的球员；横向和反向超负荷运动也是一样的。建议使用不同强度的弹力带进行练习。橄榄球运动员训练计划中的许多练习作用于多个肌群，尤其针对下肢肌群，而不是只针对单块肌肉或肌群。

然而，特定位置的橄榄球运动员应该有选择性地做一些孤立肌群的训练。四分卫运动员的训练计划中应该包含一些肩袖肌群和肩胛骨的练习，而带球或持球的运动员应该在他们的计划中加入一些手腕和前臂的练习。为四分卫运动员量身定制的一个特殊练习是怪兽行走抛球模拟练习，练习者可以手持橄榄球进行该练习。虽然该练习的弹力带环绕方式可能有点复杂，但是其可以高效地训练下肢、上肢以及核心部位。

橄榄球

基础练习

胸前推	第72页
前蹲	第114页
弓步	第110页
肩胛骨练习	第44页
背阔肌下拉	第82页
CLX罗马尼亚硬拉	第231页

项目模拟练习

三点式站姿爆发练习	第192页
全身伸展	第192页
爆发式前屈	第193页
怪兽行走抛球模拟练习	第194页

三点式站姿爆发练习

所有肌群

采用三点式站姿，将弹力带的中段环绕在腰部，两端固定在靠近髋关节的稳定物体上。以爆发的方式向前跨一步。

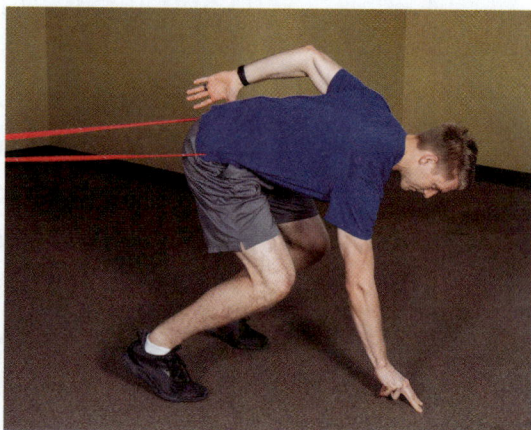

全身伸展

所有肌群

将弹力带的中段环绕在大腿的后侧。双手高于肩部高度握住弹力带的两端。屈髋屈膝，采用下蹲的起始姿势，然后双臂向前伸展，下肢不再呈下蹲的姿势。

橄榄球

爆发式前屈

所有肌群

　　将弹力带的一端固定在身后接近地面的稳定物体上，手握弹力带的另一端。运动侧手臂对侧的脚向前跨一步，运动侧手臂向上移动，并越过身体做爆发式的动作，就像一个防守前锋防守时的动作。双臂交替练习。这个练习模仿手臂向上和越过身体的动作，能增强肩关节前部的力量。

橄榄球

怪兽行走抛球模拟练习

所有肌群

（a）将弹力带在膝关节的上方和下方交叉缠绕，双手握住弹力带的两端。（b~c）当身体以侧向姿势前后行走时，用四分卫运动员的惯用手模拟抛球的动作。

冰球

冰球对人体肌肉系统提出的挑战包括要具有强有力的爆发力和较好的耐力，以及同样作为关键要素的良好的平衡能力和敏捷性。冰球比赛的场地坚硬、光滑，这一事实使得基础练习和项目模拟练习的设计同样具有特殊的挑战性。因为会与其他运动员、冰面以及场地周围的障碍物发生碰撞，所以冰球运动员与橄榄球运动员一样会发生各种各样的损伤，如肩膀脱臼这类的上肢损伤，以及腹股沟拉伤和下肢韧带拉伤。因为需要全身爆发力和强大的肌肉力量，冰球的基础练习和橄榄球的基础练习一样强调多关节动作模式，以促进大肌群力量的发展。本节的项目模拟练习是非常特殊的且只适合冰球运动员。

冰球运动员必须平衡腹股沟与髋关节外侧肌肉的力量，从而减少和预防腹股沟拉伤。腹股沟的专项力量适应性必须通过对髋关节外侧肌肉的额外训练来抵消，以降低损伤风险并优化表现。另外，冰球项目还需要运动员能够在滑冰时极好地控制和利用肌肉拉长动作。这意味着在练习中应该强调肌肉的离心或拉长以及收缩过程，尤其是在利用弹力带进行滑冰专项训练的时候。冰球运动员需要滑冰且需要多方向移动，也就是说弹性阻力训练不应该局限在直线方位，而应该从多个方向进行。

所有冰球运动员在比赛中都携带和使用球棍，这使得手腕和前臂的力量对运动表现至关重要，所以他们需要一系列与网球或高尔夫球运动员相似的手腕和前臂练习。

冰球

带球杆滑冰步

所有腿部肌群

将弹力带环绕在两条小腿上，或用肢体带将弹力绳固定在两侧踝关节处。向前和对角线方向迈步，保持双脚贴在地面上，摆动双臂，模拟滑冰时的步法。

带球杆抗阻滑步

髋外展肌，髋内收肌

站在平滑的地面上。将弹力带环绕在两条小腿上，或用肢体带将弹力绳固定在两侧踝关节处。手握球杆，保持屈膝并略微前倾的姿势，一条腿向侧方滑动。

冰球

抗阻击射回拉

所有肌群

将弹力带的一端固定在球杆上，另一端系在稳定物体上。对抗弹力带的阻力，将球杆抬高，远离地面。

抗阻击射随球动作

所有肌群

将弹力带的一端固定在球杆上，另一端系在离地面3~6英寸的稳定物体上。向前挥动球杆，模拟击射时，球杆击球及随球动作。

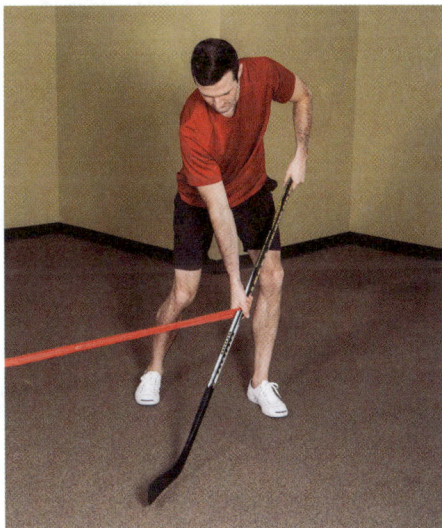

冰球

带球杆抖腕射

所有肌群

　　将弹力带的一端固定在球杆上，另一端系在与髋部同高的稳定物体上。向前移动球杆，模仿抖腕射时球杆击球和随球的动作。

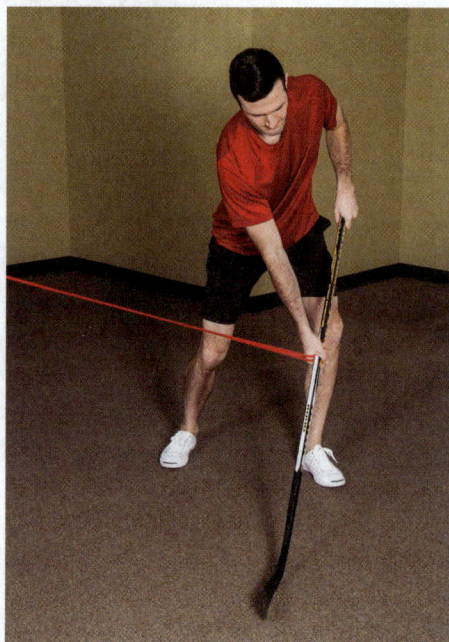

篮球

　　篮球运动对心血管和肌肉的健康水平要求较高。该项目的特点也是需要进行反复多方向的运动，需要强大的肌肉力量、爆发力以及耐力。在抢篮板球时，上肢的力量至关重要，然而篮球的力量训练通常注重下肢和核心部位，以优化爆发性动作和切步动作。

　　踝关节扭伤是篮球运动员中最常见的损伤之一。为了强化用以保护和稳定踝关节的肌群，弹性阻力训练是很好的练习方式，应该作为每位篮球运动员体能训练计划的关键内容。因为大多数的踝关节损伤涉及踝关节内翻或内旋，所以通过外翻（外旋）动作来强化踝关节外侧的肌群是很重要的。

　　膝关节是篮球运动员的另一个损伤预防重点。广泛的研究表明，核心部位和下肢的力量及平衡能力对预防膝关节损伤起着重要作用。前交叉韧带的损伤也是常见的。为了应对和降低损伤风险，建议采取强调下肢和核心部位的力量以及平衡能力的预防性训练计划。该训练计划中的基础练习旨在提高股四头肌、腘绳肌和髋外展肌的力量，从而在落地和切步时提供所需的下肢稳定性和肌肉力量。筛查篮球运动员能否进行正确的单腿蹲的能力测试可以被用于决定所需的额外训练量上。上肢练习包括强化改善肩关节在旋转90度~120度或为了抢篮板以及完成头上传球而抬到更高位置时的力量。

基础练习

前蹲	第114页
单腿蹲	第116页
弓步	第110页
弹力带快踢	第122页
蚌式	第106页
膝关节屈曲	第62页
抗阻向前跨步	第232页
踝关节内翻	第67页
踝关节外翻	第68页
踝关节背屈	第65页
肩胛骨练习	第44页
背阔肌下拉	第82页
过顶推举	第89页
墙上行走（60度~90度）	第97页

项目模拟练习

带篮球滑步	第200页

篮球

带篮球滑步

核心肌群，屈髋肌群，髋外展肌，股四头肌

　　将弹力带环绕在踝关节处。双手在胸部位置以传球姿势握住一个篮球，横向跨步，使弹力带产生更大的张力。在保持弹力带轻微绷紧的状态下，对抗阻力，向多个方向跨步。如果有一名同伴或一面墙，可以反复地来回传球，模拟篮球运动中的移动传球动作。

篮球

网棒球

在网棒球这项对多方向移动能力要求非常高的体育运动中，网棒球运动员必须以耐力为主导，同时具备爆发式的能量输出能力。在利用弹性阻力进行网棒球训练时，要将下肢多方向的动作与上肢专项动作结合，同时将阻力施加到球杆或网兜棒上。由于运动员必须带着球杆进行跑步和移动，所以在项目模拟练习中加入球杆是至关重要的。因为球杆较长，所以在练习时一定要小心。不要因为杠杆臂的产生而使施加在球杆上的阻力超负荷。在指导运动员进行项目模拟练习时，要注意一个小的负荷就会起很大的作用。

基础练习

项目模拟练习

网棒球

带球杆跨步

所有肌群

　　将弹力带环绕在球杆顶端，两端固定在稳定物体上或由一名同伴握住。站在一个6~8英寸高的平衡台旁边。一只脚在平衡台上，准备向远离附着点的方向横移。以爆发的方式，采用交换跳，使一只脚站于平衡台上，同时另一只脚触地，以稳定身体。在平衡台上来回跳跃。运动员应该手握球杆，以更真实地模拟在网棒球运动中的横向移动。

变式

- 将弹力带环绕在腰部，增加下肢和核心部位的阻力，而不是上肢的阻力。
- 为了增加挑战难度，在进行该练习时，让一名同伴扔球，然后接球和回球。

网棒球

传球模拟练习

所有肌群

（a）将弹力带的一端系在球杆上，另一端固定在门上或由一名同伴握住。将另一根弹力带环绕在腰部，两端固定在门上或由一名同伴握住，为核心部位和下肢提供阻力。（b）向侧方跨一步，拉长弹力带，对抗阻力，模拟传球的动作。运用正确的力学模式在两个方向上重复练习。

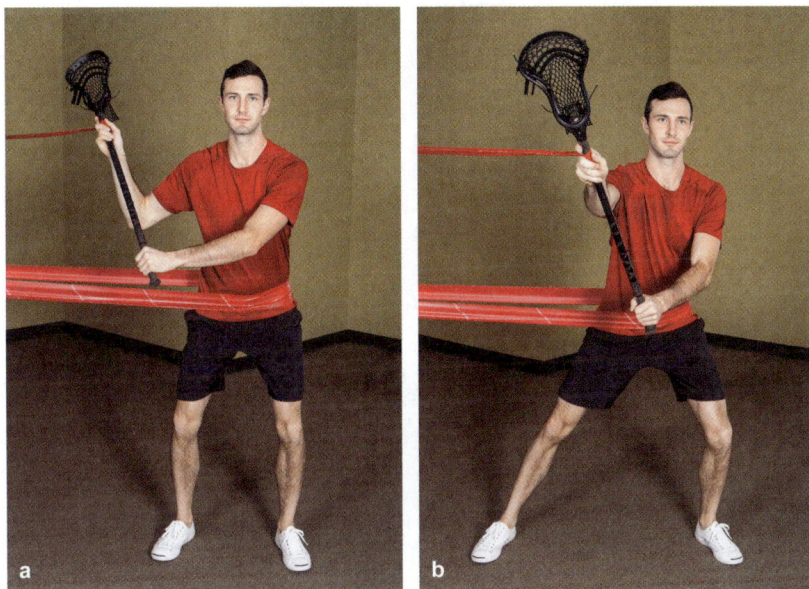

网棒球

足球

　　足球运动固有的多方向动作和切步动作对下肢和核心部位有着极高的要求。支撑腿的力量和平衡能力通常被忽视，然而，这是允许踢球腿以最佳方式踢球必备的能力。对于足球运动员来讲，下肢的活动范围要大，所以下肢的灵活性是训练的另一个重点。肌肉拉伤和肌腱炎在足球运动员中很常见。为了尽可能地降低双关节肌（例如跨过髋关节和膝关节的肌肉，包括腹股沟、腘绳肌和股四头肌）受伤的风险，不仅需要强调训练计划中的向心（缩短）阶段，而且要注重离心（拉长）阶段。此外，确保股四头肌和腘绳肌的平衡也至关重要。同时，因为足球运动固有的横向移动和切步动作，所以足球运动员还需要重点进行斜向和横向动作的练习，以强化臀肌的力量，尤其是臀中肌。对于进行切步动作的足球运动员来讲，臀中肌对髋关节和下肢起到了重要的稳定作用。

　　除了推荐的基础练习，还应该利用弹性阻力进行对角线模式和模拟真实的踢球动作的练习。虽然足球运动不使用双手（除了守门员），但基础练习中仍罗列了几个上肢的练习，而且罗列了利用弹性阻力进行的功能性练习（如双手过顶投球）。另外，还罗列了几个利用弹性阻力进行的项目模拟练习。髋关节旋转不仅对踢球和身体稳定非常重要，而且对比赛中的切步和多方向移动也起着重要的作用。弹力带快踢练习对锻炼平衡能力和臀中肌很重要，结合下肢旋转稳定性练习，能为下肢提供横向和旋转运动的稳定性。

　　足球是间歇运动，长时间的奔跑伴随短暂的休息，这使得肌肉耐力成为重中之重。因此，推荐采用多重复次数、多组数的练习方式。

足
球

基础练习

项目模拟练习

足
球

髋外展踢球

髋外展肌，屈髋肌群

将弹力带环绕在踝关节处，或使用肢体带固定。足球刚好位于体前外侧。用靠近足球的那只脚向前踢球。

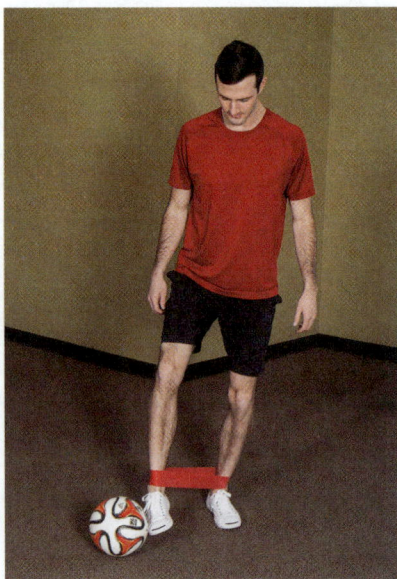

髋内收踢球

核心肌群，髋内收肌

将弹力带的两端固定在离地面几英寸的稳定物体上。运动侧靠近附着点，将弹力带中段环绕在靠近附着点的踝关节处，另一条腿撑地。将足球向身体中间踢。

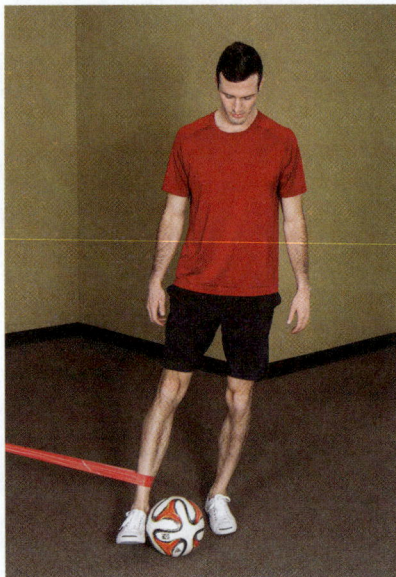

斜对角踢球

所有肌群

　　将弹力带的中段环绕在踢球腿的踝关节上方处，两端固定在身体斜后方与踝关节等高的稳定物体上。背对附着点。开始时，一侧腿向身后抬起，使弹力带保持一点张力。模拟踢球的动作。缓慢地回到起始姿势。

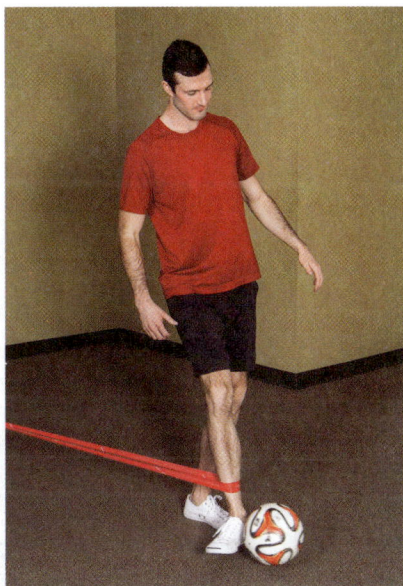

踢球稳定控制

臀肌，腘绳肌

　　单腿站立，将弹力带的两端固定在低于腰部的稳定物体上，中段环绕在非支撑腿的踝关节下方。保持安全、平衡的姿势。对抗阻力，缓慢地抬起和屈曲膝关节至90度~100度，然后缓慢地回到起始姿势。

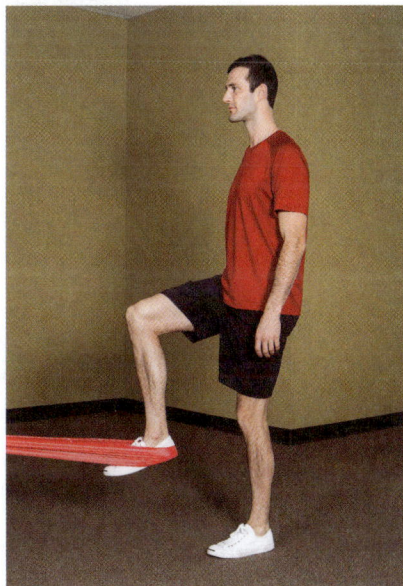

足球

边线球模拟和过顶传球

肩关节伸肌，背阔肌，核心肌群，屈髋肌群

　　将弹力带的两端固定在与眼部同高的稳定物体上。背对附着点，双臂举过头顶，采用交错站位站立。双手握住弹力带的中段和足球。模拟足球运动中发边线球的动作，髋关节和躯干略微向前屈曲。

第 13 章

个人项目

　　弹性阻力训练对个人项目运动员来说是一个理想的训练方式。个人项目具有特殊要求，且训练重点不同于常见的团体项目，团体项目的运动员需要一起训练或比赛。本章中包括的所有体育项目都需要对上肢和下肢进行耐力和爆发力训练，从而获得最佳的运动表现以及预防损伤。这些具有挑战性的体育项目需要运动员进行基础及项目模拟练习，从而实现全面的训练以为参加最高水平的竞赛做好准备。

游泳

　　因为杰出的运动表现是建立在高重复次数的基础之上，所以游泳运动员的肩关节因过度使用而出现损伤的可能性极高。各项研究结果一致表明，游泳运动员的肩关节力学失衡是内旋肌群（用于推进的肌肉）过度发展以及肩关节后侧和肩胛骨区域的肌群（肩袖肌群和肩胛骨肌群）薄弱导致的。在游泳期间，肩袖肌群受到反复性压力，手臂过顶上举的姿势使得肩关节和肩袖肌群特别容易疲劳和损伤。抗阻训练能加强划水阶段肌肉的力量，有益于提升运动表现，同时注重对肩袖肌群和上背部肌群的锻炼，从而促进肌肉力量平衡并有利于预防损伤。

　　游泳比赛主要有四种泳姿，但许多游泳运动员在自由泳方面做了大量的训练。一些教练和训练计划确实注重对所有泳姿的平等训练，尽管如此，在主要的泳姿方面还是体现出明显的变化。为了在水中剧烈地划水以推进身体向前而激活共同的肌群会导致肌肉失衡。相同的动作模式一遍又一遍地重复不仅会导致肌肉力量失衡，还会增加游泳运动员受伤的风险。许多游泳运动员通过在陆地上模仿游泳的动作模式进行练习，训练已经足够强壮的肌群以提高运动表现，从而加剧了肌肉力量失衡。游泳运动员除了需要进行所有上肢的练习和躯干稳定性的练习，还需要髋关节与膝关节屈曲与伸展肌群的高水平激活，以完成水中的各种踢腿动作。本节所列的练习将通过解决常见的肌肉力量失衡问题使损伤最小化，同时锻炼一些具体的肌群，从而实现更好的运动表现。多组数和高重复次数的练习可以达到该项目所需的耐力要求。每组重复15~20次或15~25次；或者以时间来计算，每组持续30~45秒。

基础练习

游泳

项目模拟练习

游

泳

游泳划水练习

背阔肌，肱三头肌，核心肌群

（a）将弹力带中段固定在体前与腰部等高或略高的稳定物体上。双膝略微屈曲，躯干前屈90度。双臂向前伸直，头部保持在中立位置，双手各握住弹力带的一端。（b）双臂向后拉动弹力带，模拟游泳时划水的姿势。然后缓慢地回到起始姿势。

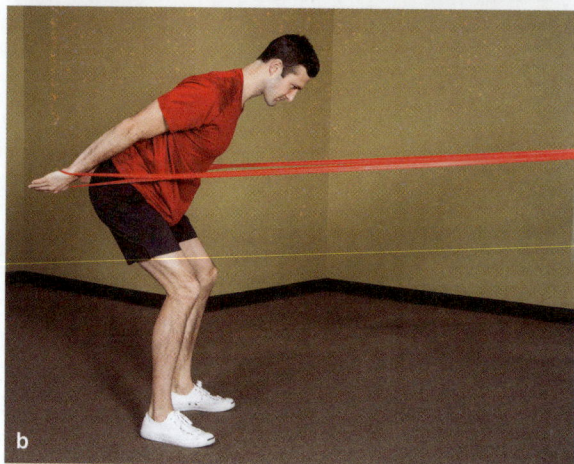

站姿肩关节水平外展加外旋

肩袖肌群，肩胛骨肌群

（a）站姿，双手握住弹力带或弹力绳，掌心朝上（前臂向上姿势）。（b）一只手臂在体前抬高90度（肩部高度），保持静止；另一只手臂向侧向移动，保持拇指朝外。为了减小肩关节压力，手臂向外移动时不要超过身体的平面范围。在动作末端保持几秒，然后缓慢地回到起始姿势。换另一侧重复练习。每组重复10~15次，多练习几组。

游泳

跑步

虽然所有项目模拟练习都可以推荐给跑步运动员，但弹性阻力训练是满足跑步运动员基础训练需求的一个绝佳方式。就像游泳和其他耐力运动，跑步需要较强的肌肉耐力以实现最佳的运动表现及预防损伤。此外，跑步时还需要稳定的骨盆和脊柱，所以建议跑步运动员进行补充练习以提升核心稳定性和髋关节力量。由于跑步时大多是直线向前的，所以跑步运动员经常从侧向练习中获益，增强髋关节的力量和稳定性；此外，还可以从下背部练习和腹肌练习中获益。

利用合理的低阻力水平和高重复次数，弹性阻力训练可以被用于提升股四头肌和腘绳肌的力量，同样也能提高局部肌肉耐力。另外，建议进行踝关节力量训练，从而预防踝关节扭伤，促进踝关节的稳定。这有利于在不平整的路面跑步，如在崎岖小路上跑步。弹力带快踢和髋关节外展这类练习有助于提高髋关节稳定性、稳定骨盆。利用弹性阻力训练上背部和肩胛骨肌群可以帮助跑步运动员改善因训练和超长距离比赛而导致的不良姿势，以及缓解这些部位的不适感、疲劳。提升上背部力量可以帮助跑步运动员在跑步时保持直立的姿势，提高跑步的整体能力。锻炼肱二头肌和肱三头肌有利于整体的健康，因为跑步对发展上肢肌肉的作用很小。

跑步

环状弹力带单腿臀桥

臀大肌，腘绳肌，腹肌，下背部肌肉

　　仰卧，将弹力带环绕在膝关节上方的大腿处。双臂在胸前交叉，双膝屈曲。把臀部抬离地面，保持膝关节靠拢。在臀部抬起和下落时，保持一条腿伸直并抬离地面。

网球

　　网球项目对身体有特殊的要求，下肢需要多方向移动，而躯干要进行大范围、重复性、有力的旋转动作，肩袖肌群和肩胛骨肌群组织也反复受到压力。网球运动员和从事投掷项目的运动员一样，上肢前侧的肌群（负责加速）与肩关节后侧及肩胛骨区域负责减速和稳定的小肌群之间常常出现不平衡。因此，旨在提升肩袖肌群和肩胛骨肌群力量和耐力的基础练习是网球运动员训练计划中极其重要的内容。其中一些练习是以上臂与身体成直角（90度）的姿势进行的，这个姿势模拟发球时肩关节的动作。这些练习能使肌肉做好功能性准备以进行该项目中要求的具体姿势和动作。另外，打网球时会对肘关节和手腕产生巨大、重复性的压力，因此，基础练习提供了强化肘关节和腕关节稳定肌群的练习。我们在训练计划中着重增加了手腕在多方向上的练习，以确保适当发展力量从而获得稳定性。因为网球运动员手腕和前臂的肌肉力量明显较强，而且惯用手的握力更强，所以对于经常打网球的人来说，这些练习是预防手腕和肘关节损伤的主要训练内容。

　　此外，该项目给下肢带来的挑战要求运动员进行所有方向的动作训练。网球运动员在每个得分中平均改变4个或5个方向。这需要大量的侧向运动以及加速和减速运动，弹性阻力训练可以提供类似的练习来帮助运动员。

　　躯干旋转几乎体现在网球运动的每一个击球动作中。即使在截击空中球时也需要高水平的腹部肌肉收缩，运动员通过稳定核心部位传递和优化下肢所产生的爆发力，通过核心部位把能量传递到上肢和球拍。针对网球项目的练习通常涉及躯干旋转，还采用了运动员在球场上的各种姿势，如开放式站姿和平行式站姿。这使得运动员在练习时可以调整身体姿势，尽可能地模拟击球专项姿势。

基础练习

肩关节90度外旋	第95页
单侧肩关节外旋	第46页
坐姿划船	第79页
手腕屈曲	第50页
手腕伸展	第51页
前臂旋前	第53页
前臂旋后	第52页
桡骨偏移	第55页
尺骨偏移	第54页

网
球

项目模拟练习

网
球

平行式站姿正手击球

所有肌群

　　将弹力带的中段环绕在腰部，两端固定在与腰部等高的稳定物体上。以准备姿势站立，向前跨步形成平行式站姿，然后模拟正手击球的动作。缓慢地回到起始姿势。

　　注意：如果你在正手击球或反手击球时主要采取的是开放式站姿，那么这个练习可以更改为将弹力带的中段环绕在腰部，两端固定在运动侧的稳定物体上。朝远离附着点的方向横向跨步，形成开放式站姿。

旋转挥拍

腹斜肌，核心肌群

　　将弹力带的一端固定在一个接近腰部高度的附着点上，双手握住弹力带的另一端。双手握住球拍，在体前伸直，腹肌收紧。向一侧转体，保持肘关节伸直。缓慢地回到起始姿势。

　　注意：该练习可以采用单腿站立进行，双脚交替支撑。此外，在平衡台或不稳定的平面上练习可以增加难度。

网

球

水平外展（高位反手击球）

三角肌后束，肩袖肌群，肩胛骨肌群

　　将弹力带的一端固定在与接近肩部的稳定物体上。附着点位于身后，手握弹力带的另一端。让手臂模拟单手高位反手击球的动作。握球拍的手臂对抗弹力带的阻力，向前、向外移动，另一只手臂保持稳定。缓慢地回到起始姿势。

网　球

快速伸缩复合式横向跨箱

所有下肢肌群

将弹力带中段环绕在腰部，两端固定在体侧与腰部同高的稳定物体上。一只脚放在箱子（或平衡台）上，双手握住球拍，双眼直视前方，模拟准备姿势。以爆发的方式横向越过箱子，让一只脚站在箱子上，同时下方的脚吸收和抵消负荷。在箱子上方来回地跳动，重复多组练习，每组30秒或更长。在交替的组间，变动弹力带的位置，这样可以在两个方向上都获得阻力。

网

球

高尔夫球

高尔夫球运动员的损伤部位通常包括手腕、手、肩关节和下背部。提升腕关节和下背部稳定性的练习是高尔夫球运动员训练计划中的关键内容。此外，高尔夫球挥杆动作需要通过大幅度地旋转躯干产生爆发力，而双腿和髋关节在其中起着关键作用。因此，提升腿部力量和髋关节爆发力的练习有助于高尔夫球运动员在挥杆期间产生爆发力。因为旋转动作在高尔夫球运动中是主要的动作，所以建议采取平衡的下背部和腹部的力量训练计划，从而稳定脊柱。因为肩关节在高尔夫球挥杆动作中担任重要角色，肩袖肌群在整个挥杆动作中提供重要的稳定作用，所以提高肩袖肌群力量的练习也非常重要。

除基础练习之外，弹性阻力可用于模拟挥杆动作的几个阶段。这些项目模拟练习，再加上在练习期间利用泡沫垫或平衡台，能提供不同程度的训练，以满足不同年龄段和能力水平的高尔夫球运动员的需求。

基础练习

项目模拟练习

高尔夫球

高尔夫挥杆加速练习

所有肌群

将弹力带的一端固定在与肩同高的稳定物体上，采用高尔夫站姿。双手握住高尔夫球杆和弹力带的另一端。采取从后摆杆姿势对抗弹力带阻力，加速进入触球姿势。缓慢地回到起始姿势。

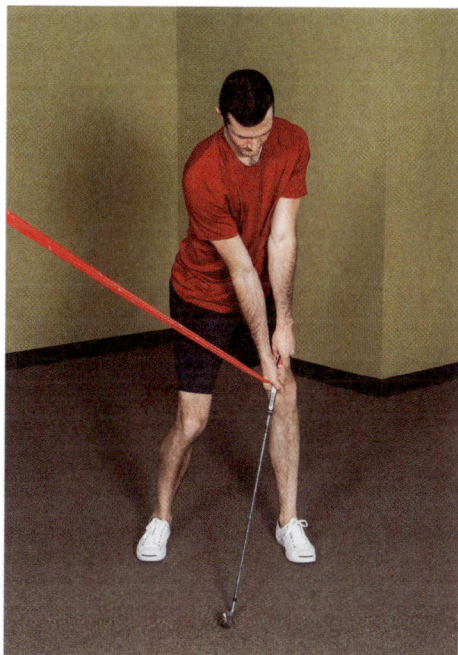

高尔夫球

后摆杆练习

所有肌群

　　将弹力带的一端固定在靠近地面的稳定物体上，双手握住球杆和弹力带的另一端。采取挥杆的起始姿势对抗弹力带的阻力，双臂和球杆做出挥杆的后摆杆姿势。缓慢地回到起始姿势。

高尔夫球

躯干旋转与手臂扭转

核心肌群，肩关节稳定肌群

（a）将弹力带的中段固定在稳定物体上。站姿，双手各握住弹力带的一端，双手中间放一个药球。开始时躯干向右旋转。左手在球的顶端，右手在球的底部。（b）对抗弹力带的阻力向左旋转，保持上侧肘关节伸直。随着向左转动躯干，双手也发生转动，右手在球的顶端，左手在球的底部。双膝保持微屈，缓慢地练习，有控制地回到起始姿势。完成向左的动作后，向右侧进行重复练习。

高尔夫球

225

滑雪

滑雪运动员需要卓越的平衡能力、下肢肌肉力量和耐力，也需要上肢的伸展和推动能力，这表明训练肱三头肌和背阔肌是必要的。尽管滑雪板和滑雪板固定装置技术有了改进，但是膝关节损伤在滑雪运动损伤中占据很大比例（高达50%）。强化股四头肌和髋关节肌群有利于稳定膝关节，降低损伤风险。为了避免摔伤，如肩部脱臼、上肢骨折，还应进行平衡训练。

滑雪运动员的肌肉以复杂的模式进行工作，其既要稳定关节，又要完成特定的动作，如转弯和其他调整，以优化身体姿势。滑雪运动员特别依赖臀肌、股四头肌和腘绳肌，还有内收肌（腹股沟）和小腿肌肉。这些肌肉活动让滑雪运动员即使在非常有限的支撑下仍可以合理地控制重心。本训练计划中的许多练习可以变得更具挑战性以满足高水平的滑雪运动员，以及想要成为高水平滑雪运动员的人们的需求。仅仅使用平衡台就可以极大地增加练习的挑战性以及运动过程中稳定肌肉收缩的数量。

与初级和高水平滑雪运动员共事的教练和医师强烈地推荐改善肌肉力量和耐力的训练。利用下列练习不仅可以加强股四头肌、腘绳肌和臀肌的力量，为滑雪运动员做好运动准备、达到运动要求，还可以让他们在面临许多具有挑战性的情形时能够吸收负荷并控制身体动作。注重平衡力和离心动作的训练是非常重要的。

基础练习

项目模拟练习

团身下蹲

伸髋肌群，股四头肌，小腿肌肉

采取下蹲的姿势，将弹力带的中段环绕在下背部，两端踩在脚底。保持该姿势进行迷你蹲。

单腿平衡下蹲

所有肌群

单腿站立，单脚踩住弹力带或弹力绳的一端。手握弹力带的另一端，向腰部拉动。另一条腿放在身后的训练凳上。进行单腿下蹲，膝关节屈曲40度~60度。保持身体直立，目视前方。

双腿抗阻下蹲

伸髋肌群，股四头肌，小腿肌肉

　　双脚踩住弹力带的中段。双手握住从肩关节上方绕过的弹力带两端。进行半蹲，目视前方，尽量不要让身体前倾。缓慢地回到起始姿势。

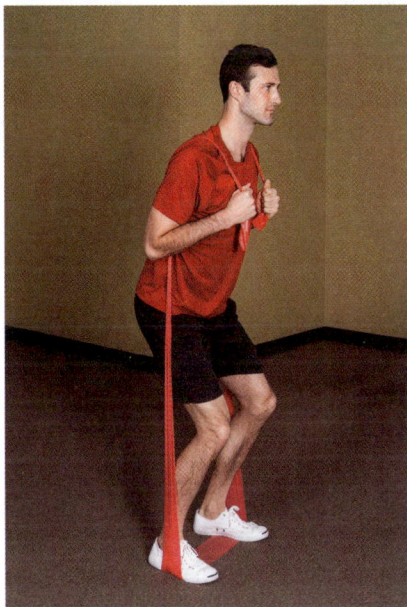

滑雪

自行车

首先，人们不会认为弹性阻力训练对自行车运动员来说有用处。该项运动就是通过反复性的动作模式极好地锻炼股四头肌和小腿肌肉。然而，弹性阻力训练可以发展具有互补作用的肌肉，这有益于完善自行车运动员的训练。例如，自行车运动员在下坡骑行时必须长时间保持躯干屈曲的姿势，这给下背部带来压力。此外，前臂支撑身体前倾会给上背部和斜方肌带来紧张感。弹性阻力训练可以极好地辅助自行车运动员锻炼这些肌群，有益于骑行姿势的改善和整体力量的发展。该训练计划中的基础练习的目的在于训练肩胛骨肌群和下背部肌群，以及髋关节稳定肌群，为下肢的发展提供巨大的刺激。

考虑到自行车运动员的耐力和重复性的运动环境，我们建议进行多组训练，每组重复15~25次；或以时间计算，每组持续20~30秒。

基础练习

锯肌拳击	第47页
耸肩	第81页
坐姿划船	第79页
臀桥	第102页
四足稳定练习	第137页
背阔肌下拉	第82页
弹力带快踢	第122页
髋关节伸展	第59页
墙上行走（60度~90度）	第97页

运动模拟练习

CLX罗马尼亚硬拉	第231页
抗阻向前跨步	第232页

自行车

CLX 罗马尼亚硬拉

下肢所有肌群，核心肌群

（a）站姿，将CLX弹力带的一端固定在大腿上。向外缠绕弹力带（膝关节以上和以下各缠绕一圈）。另一只脚踩住弹力带的另一端，使弹力带在练习中产生令人疲劳的张力。（b）保持躯干伸直，绕腰部向前俯身，非支撑腿向后伸展。尽量减少移动并保持最佳的平衡状态，然后在这个姿势停留几秒。回到起始姿势。进行多次练习，利用可以产生明显疲劳的时间间隔进行训练（如20~30秒）。

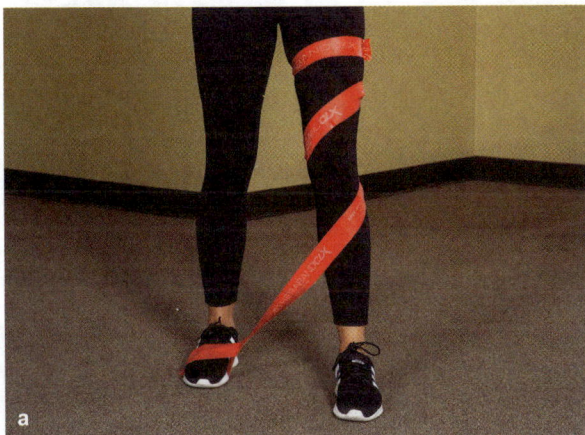

抗阻向前跨步

股四头肌，腓肠肌，屈髋肌群，臀肌，核心肌群

（a）站姿。将弹力带固定在身后的稳定物体上，中段环绕在腰部。一只脚放在6~8英寸高的平衡台上。（b）后侧的脚向前跨步，越过平台，使前侧的脚位于平衡台前侧，这使得弹力带的张力增加。缓慢且有控制地回到起始姿势，重复练习。交换放在平衡台上的脚进行练习，以使两侧肌肉平衡。

第14章

康复训练

本章的目的是为使用弹性阻力对常见的肌肉骨骼损伤的康复提供普遍和基础的建议。然而，这些重要的建议并不能代替可以诊断损伤和做出具体康复建议的医师、物理治疗师或医疗服务人员提供的正式评估。但是，当遇到常见的损伤时，这些练习可以起到帮助作用。本书所提供的一般强化训练利用特定的动作模式，再结合适当的阻力水平，可以减少损伤或改善身体状况。记住一点：如果任何一项练习给关节或受伤部位造成局部疼痛，请不要继续，而是应寻找合格的医疗服务人员给出专业的医疗评估。

康复区域的弹性阻力训练的应用原则

在使用弹性阻力对受伤部位或曾患有肌肉骨骼损伤的部位进行训练之前，进一步明确和讨论一些普遍的原则是很重要的。弹性阻力训练的好处之一在于可以通过拉长弹力带以及增加实际的弹力带阻力（密度）来轻松地改变阻力水平。特别注意，不要使用过大的阻力，尤其是对已经受伤的部位进行练习的时候。能够使肌肉疲劳的低阻力、高重复次数的练习通常受到致力于肌肉骨骼损伤康复的物理治疗师的推荐。此外，应在不产生疼痛的范围内活动，而不是让关节移动至活动范围的最大限度。这使得所针对的部位可以进行重要的肌肉收缩和肌肉活动，否则无法适应在完整的活动范围内练习。

随着每部分训练的推进，通常建议把近端（更靠近身体中心的）练习作为远离身体中心（末端）的损伤部位训练的部分内容。记住这一点很重要。正确的肌肉骨骼损伤康复和恢复训练很少只包括针对该部位的孤立练习，一般还包括受伤部位以上和以下的部位。这个重要的概念叫"动力链"，是几乎所有肢体康复中都会运用的一个关键原则。例如，针对肘关节或肩关节损伤的训练就包括了肩胛骨（中背部）肌群的练习，这充分地说明了这一概念。

上肢

　　强化整个上肢动力链上肌肉的力量和耐力有益于上肢损伤的康复。一个关键的例子是要确保主要负责推动和加速的身体前侧肌群与负责拉动和减速的肩关节后侧、上背部区域的肌群保持恰当的平衡。身体前侧与后侧肌肉力量的平衡是损伤预防和康复工作的关键部分，而弹性阻力是这种平衡训练的重要阻力来源，能够改善身体的整体功能和提高效率。弹性阻力的使用对于确保肌肉向心收缩（或变短）与离心收缩（或拉长）也是有益的。本节将介绍弹性阻力在常见的肩关节、肘关节和手腕损伤中的应用。

肩关节损伤

　　肩关节是全身最灵活的关节之一，就其本身而言，在很大程度上依赖于稳定这个重要关节的肌群。主要负责稳定肩关节的是肩袖肌群。提升肩袖肌群力量的训练，与提升肩胛骨肌群（支撑肩胛骨的肌肉）的力量和耐力的训练通常一起进行。通常这可以成功地治疗肩关节损伤问题，如肩袖肌腱炎、肩关节撞击综合征和肩关节不稳定。此外，就许多运动员和活跃的个体而言，肩袖肌群和肩胛骨肌群的训练通常在传统的举重练习中被忽视。尤其在网球、棒球和排球这类体育项目中，这些重要的肌群需要高水平的压力和激活才能在竞赛时发挥作用。

　　以下练习常常作为康复训练计划的关键部分，建议因肩袖肌群损伤而产生肩关节疼痛的个体进行这些练习。推荐以低阻力、高重复次数的形式进行这些练习。同时，要避免肩关节过顶姿势或把手臂放在身后，这类异常的动作模式通常被活跃的个体用来提高肩关节力量，然而，这类动作模式可能会对肩袖和肩关节的稳定组织产生巨大的压力。

推荐的练习

随着这些基础练习变得轻松和容易（例如，你可以很好地控制练习，能够正确地完成练习），你可以通过在基础训练中添加以下练习来增加训练计划的难度。

进阶练习

肩关节90度外旋	第95页
肩关节90度内旋	第94页
站姿肩关节水平外展加外旋	第213页

肘关节损伤

肘关节最常见的损伤就是过度使用性损伤，被称为网球肘。这种损伤来自肘关节的反复使用，会限制日常活动及体育运动中的能力表现。这种损伤主要表现为两种：外侧和内侧。弹力阻力训练可以协助整个上肢的动力链的康复。由于这是一种过度使用性损伤，使用较高负荷和通过忍受疼痛来进行训练可能会使损伤问题加重，所以不建议以此方式进行训练。大多数的网球肘是可以通过休息和适当的护理、练习得到解决的。

肘关节康复练习的一个独特之处就是能激活穿过肘关节的肌肉和肌腱。肘关节本身不需要活动，而是手腕和前臂活动。以下所列的练习是帮助治疗网球肘的推荐练习。值得注意的是，无论症状（疼痛）发生在肘关节的外侧还是内侧，建议完整地进行以下练习，从而提高前臂肌肉的力量和局部的肌肉耐力。

推荐的练习

手腕伸展	第51页
手腕屈曲	第50页
前臂旋前	第53页
前臂旋后	第52页
桡骨偏移	第55页
尺骨偏移	第54页
坐姿划船	第79页
肩关节外旋加后缩	第92页
单侧肩关节外旋	第46页

手腕损伤

手腕损伤主要涉及的是肌腱炎。前臂的肌肉穿过手腕形成肌腱，为腕关节提供支撑并控制动作。反复地使用手腕，无论是打字、做家务还是体育活动都会造成手腕损伤。与网球肘的治疗相似，手腕损伤的治疗需要通过手腕和前臂的动作锻炼前臂肌肉。事实上，手腕康复练习与推荐的肘关节康复练习是一致的，需要通过激活手腕周围的前臂肌肉来改善手腕的稳定性，以及为肘关节提供力量和稳定性。肩胛骨肌群和肩袖肌群（外旋）的练习有助于确保整个上肢的动力链被用来协助这个重要区域的治疗。

下肢

弹性阻力可以用于训练损伤后的下肢肌肉。对于下肢，可使用更加孤立的训练，其通常被称为开链练习。借助弹性阻力，让身体依靠地面或一个稳固的物体进行推动或用以稳定的闭链练习。这两种类型的练习对激活下肢关节的肌肉组织很重要。本节的练习重点是下肢的动力链。

髋关节损伤

髋关节损伤部位包括穿过关节的肌肉和肌腱，它们提供了主要的动作协助和稳定。与肩关节不同，髋关节是一个更加稳定的关节，但最佳的肌肉力量和稳定性才能使其功能最有效。髋关节最常发生损伤的一些肌群包括股四头肌、腘绳肌和内收肌（腹股沟）。这些肌肉被称为双关节肌，因为它们穿过髋关节和膝关节。提高髋关节和核心部位肌群的力量和稳定性是髋关节康复训练的关键内容。以仰卧或侧卧的姿势进行孤立练习可以训练特定的髋关节肌群，然而，如弓步和深蹲这类负重练习（闭链练习）可以训练多块肌肉，而非单一的肌肉，可以更全面地强化髋关节。以下是解决因髋关节薄弱而导致的髋关节损伤的关键练习。

推荐的练习

蛙式	第106页
怪兽行走	第117页
侧卧抬髋	第105页
弹力带快踢	第122页
髋关节内收	第61页
环状弹力带臀桥	第103页
髋关节伸展	第59页

髋关节内旋和髋关节外旋	第56~57页
双腿抗阻下蹲	第229页
髋关节时钟转动	第123页
腿部伸展	第170页
CLX罗马尼亚硬拉	第231页
抗阻向前跨步	第232页

膝关节损伤

膝关节损伤会涉及韧带撕裂导致膝关节不稳定，以及对软骨和骨骼造成伤害。髌骨软骨软化是常见的膝关节损伤。与肩关节相似，膝关节依赖肌肉的支撑来稳定沿着股骨末端的髌骨。这个重要关节的损伤很常见，会影响日常活动以及体育运动。

治疗膝关节损伤有许多方法，但是提高髋关节和核心稳定性的练习是目前治疗大多数膝关节损伤的好方法之一。虽然在传统上针对股四头肌的训练被用于治疗大多数的膝关节损伤问题，但是对髋关节肌肉组织在稳定下肢方面的重要作用的进一步了解使我们知道，需要将髋关节和核心训练纳入膝关节的康复训练计划。

推荐的练习

膝关节末端伸展	第64页
膝关节伸展	第63页
前蹲	第114页
CLX罗马尼亚硬拉	第231页
抗阻向前跨步	第232页
髋关节外展	第60页
怪兽行走	第117页

踝关节损伤

踝关节最常见的损伤就是跖屈内翻踝关节扭伤，是指脚内翻导致踝关节外侧重要的韧带损伤。如果支撑下肢的肌肉没有恢复最佳的力量和耐力，这种损伤会使人变得非常无力，且容易复发。另外，有研究表明，髋关节力量薄弱的运动员大多有慢性踝关节不稳定的问题，所以强化近端髋关节的力量也很重要。这再一次说明了整个动力链的练习在解决踝关节损伤中起到的重要作用。

康复训练

在所有的下肢康复练习中，另一个重要因素就是利用练习挑战平衡系统，严格来讲叫作本体感觉。已经有文献证明患有慢性或第一次踝关节损伤的病人的本体感觉发生了改变。在踝关节和下肢的练习中增加平衡台或具有挑战性的环境会非常有帮助。这一观念也适用于核心部位、髋关节和膝关节的练习，本书中的许多练习都通过挑战平衡力或本体感觉来增加对下肢肌肉组织的要求。

推荐的练习

踝关节跖屈	第66页
踝关节背屈	第65页
踝关节内翻	第67页
踝关节外翻	第68页
髋关节外展	第60页
弹力带快踢	第122页
蚌式	第106页
弓步药球转体	第143页
怪兽行走	第117页

脊柱损伤

提高肩关节和髋关节的力量和稳定性的练习最终会影响脊柱稳定，这也是脊柱康复计划中的一部分。此外，传统上被用于提高核心和肩胛骨稳定性的特定练习也可以有效地治疗脊柱损伤。本节将讨论利用弹性阻力来进行上背部和颈部、下背部的损伤康复练习。

上背部和颈部损伤

稳定肩胛骨以及起源于颈部、颅骨与肩关节复合体的肌肉可以为颈椎和胸椎提供支撑。当人们面对计算机工作、阅读、驾车，以及其他许多活动时，通常会表现出圆肩和头前伸的姿势。这会导致不良的身体姿势，给支撑头部和颈部区域的重要肌群带来负担。与本章讨论的其他部位损伤一样，建议使用低阻力、高重复次数的能使肌肉疲劳并提高耐力的方式进行练习。要特别强调的是，在练习期间保持正确的姿势和身体位置是重中之重。镜子或其他形式的反馈有助于在练习过程中监视自己的姿势。

康复训练

推荐的练习

耸肩	第81页
颈部稳定练习	第156页
坐姿划船	第79页
俯身划船	第83页
肩关节外旋加后缩	第92页
双侧伸展加后缩	第85页
墙上行走（60度~90度）	第97页
背阔肌下拉	第82页

下背部损伤

下背部损伤是所有年龄段人群常见的损伤之一。运动员会因反复地高水平旋转和负重而使下背部损伤。一般人群会因不良的姿势、薄弱的腹部控制力、超重和缺乏锻炼而导致背部损伤。所以，这使得预防及治疗下背部损伤的练习变得十分有益。本节包括的练习可以改进髋关节和核心部位的稳定性，通过锻炼竖脊肌以及从下背部跨越至髋关节的其他重要肌群来提高稳定性，并为下背部提供支撑。在练习期间，保持正确的姿势和脊柱位置是很重要的，本书中的照片、描述说明将使读者更好地理解关键技巧，正确地进行下背部康复训练。另外，多组数和多次数的练习对增强该部位的局部肌肉耐力也很重要。

推荐的练习

环状弹力带臀桥	第103页
仰卧卷腹	第126页
蚌式	第106页
髋关节外展	第60页
弹力带快踢	第122页
躯干旋转	第131页
坐姿背部伸展	第134页
斜向卷腹	第127页
消防栓	第124页

康复训练

　　本节中的练习和描述说明旨在为那些试图恢复损伤部位的力量和稳定性、提升整体功能的读者提供一般性的建议。这些练习不是为了替代由合格的健康专业人士提供的评估或具体的训练计划，它们的目的在于训练关键的肌肉和肌群，为损伤部位提供所需的稳定性。本章所列的训练计划，结合本书其余部分介绍的全身练习，可以帮助读者通过轻便的弹力带提升整体的健康水平。

参考文献

第1章

Aboodarda, S.J., J. George, A.H. Mokhtar, and M. Thompson. 2011. "Muscle Strength and Damage Following Two Modes of Variable Resistance Training." *J Sports Sci Med* 10: 635–642.

Aboodarda, S.J., M.S.A. Hamid, A.M.C. Muhamed, F. Ibrahim, and M. Thompson. 2013. "Resultant Muscle Torque and Electromyographic Activity During High Intensity Elastic Resistance and Free Weight Exercises." *Eur J Sport Sci* 13(2): 155–163.

Aboodarda, S.J., P.A. Page, and D.G. Behm. 2015. "Eccentric and Concentric Jumping Performance During Augmented Jumps With Elastic Resistance: A Meta–Analysis." *Int J Sports Phys Ther* 10(6): 839–849.

Aboodarda, S.J., P.A. Page, and D.G. Behm. 2016. "Muscle Activation Comparisons Between Elastic and Isoinertial Resistance: A Meta–Analysis." *Clin Biomech* (*Bristol, Avon*) 39(November): 52–61.

Biscarini, A. 2012. "Determination and Optimization of Joint Torques and Joint Reaction Forces in Therapeutic Exercises With Elastic Resistance." *Med Eng Phys* 34(1): 9–16.

Calatayud, J., S. Borreani, J.C. Colado, F. Martin, and M.E. Rogers. 2014. "Muscle Activity Levels in Upper–Body Push Exercises With Different Loads and Stability Conditions." *Phys Sportsmed* 42(4): 106–119.

Colado, J.C., and N.T. Triplett. 2008. "Effects of a Short–Term Resistance Program Using Elastic Bands Versus Weight Machines for Sedentary Middle–Aged Women." *J Strength Cond Res* 22 (5): 1441–1448.

Hughes, C.J., K. Hurd, A. Jones, and S. Sprigle. 1999. "Resistance Properties of Thera–Band Tubing During Shoulder Abduction Exercise." *J Orthop Sports Phys Ther* 29(7): 413–420.

Jakobsen, M.D., E. Sundstrup, C.H. Andersen, P. Aagaard, and L.L. Andersen. 2013. "Muscle Activity During Leg Strengthening Exercise Using Free Weights and Elastic Resistance: Effects of Ballistic Vs Controlled Contractions." *Hum Mov Sci* 32(1): 65–78.

Sundstrup, E., M.D. Jakobsen, C.H. Andersen, K. Jay, and L.L. Andersen. 2012. "Swiss Ball Abdominal Crunch With Added Elastic Resistance Is an Effective Alternative to Training Machines." *Int J Sports Phys Ther* 7(4): 372–380.

第2章

Hughes, C.J., K. Hurd, A. Jones, and S. Sprigle. 1999. "Resistance Properties of Thera–Band Tubing During Shoulder Abduction Exercise." *J Orthop Sports Phys Ther* 29(7): 413–20.

Page, P., L. Andersen, J.C. Colado, M. Rogers, M. Voight, and D. Behm. 2019. "The Science of Elastic Resistance Exercise Dosing." *J Perform Health Res* 3(1): 19–29. In Review.

Page, P., R. Topp, P. Maloney, E. Jaeger, A. Labbe, and G.W. Stewart. 2017. "A Comparison of Resistive Torque Generated by Elastic Resistance and Isotonic Resistance(Abstract)." *J Orthop Sports Phys Ther* 47(1): A203.

U.S. Department of Health and Human Services. 2018. *Physical Activity Guidelines for Americans*. 2nd ed. Washington, DC: U.S. Department of Health and Human Services.

第3章

Andersen, L.L., J. Vinstrup, M.D. Jakobsen, and E. Sundstrup. 2017. "Validity and Reliability of Elastic Resistance Bands for Measuring Shoulder Muscle Strength." *Scand J Med Sci Sports* 27(8): 887–894.

Behm, D.G., and K.G. Anderson. 2006. "The Role of Instability With Resistance Training." *J Strength Cond Res* 20(3): 716–722.

Colado, J.C., X. Garcia–Masso, T.N. Triplett, J. Flandez, S. Borreani, and V. Tella. 2012. "Concurrent Validation of the Omni–Resistance Exercise Scale of Perceived Exertion With Thera–Band Resistance Bands." *J Strength Cond Res* 26(11): 3018–3024.

Colado, J.C., F.M. Pedrosa, A. Juesas, P. Gargallo, J.J. Carrasco, J. Flandez, M.U. Chupel, A.M. Teixeira, and F. Naclerio. 2018. "Concurrent Validation of the Omni–Resistance Exercise Scale of Perceived Exertion With Elastic Bands in the Elderly." *Exp Gerontol* 103(March): 11–16.

Colado, J.C., and N.T. Triplett. 2008. "Effects of a Short–Term Resistance Program Using Elastic Bands Versus Weight Machines for Sedentary Middle–Aged Women." *J Strength Cond Res* 22(5): 1441–1448.

Garber, C.E., B. Blissmer, M.R. Deschenes, B.A. Franklin, M.J. Lamonte, I.M. Lee, D.C. Nieman, D.P. Swain, and Medicine American College of Sports. 2011. "American College of Sports Medicine Position Stand. Quantity and Quality of Exercise for Developing and Maintaining Cardiorespiratory, Musculoskeletal, and Neuromotor Fitness in Apparently Healthy Adults: Guidance for Prescribing Exercise." *Med Sci Sports Exerc* 43(7): 1334–1359.

Reibe, D., ed. 2018. *ACSM's Guidelines for Exercise Testing and Prescription*. 10th ed. Philadelphia: Wolters Kluwer.

Topp, R., A. Mikesky, and K. Thompson. 1998. "Determinants of Four Functional Tasks Among Older Adults: An Exploratory Regression Analysis." *J Orthop Sports Phys Ther* 27(2): 144–153.

U.S. Department of Health and Human Services(HHS). 2018. *Physical Activity Guidelines for Americans*. 2nd ed. Washington, DC: U.S. Department of Health and Human Services.

第5章

Andersen, L.L., C.A. Saervoll, O.S. Mortensen, O.M. Poulsen, H. Hannerz, and M.K. Zebis. 2011. "Effectiveness of Small Daily Amounts of Progressive Resistance Training for Frequent Neck/Shoulder Pain: Randomised Controlled Trial." *Pain* 152(2): 440–446.

Brandt, M., M.D. Jakobsen, K. Thorborg, E. Sundstrup, K. Jay, and L.L. Andersen. 2013. "Perceived Loading and Muscle Activity During Hip Strengthening Exercises: Comparison of Elastic Resistance and Machine Exercises." *Int J Sports Phys Ther* 8(6): 811–819.

Hopkins, J.T., C.D. Ingersoll, M.A. Sandrey, and S.D. Bleggi. 1999. "An Electromyographic Comparison of 4 Closed Chain Exercises." *J Athl Train* 34(4): 353–357.

Jakobsen, M.D., E. Sundstrup, C.H. Andersen, T. Bandholm, K. Thorborg, M.K. Zebis, and L.L. Andersen. 2012. "Muscle Activity During Knee–Extension Strengthening Exercise Performed With Elastic Tubing and Isotonic Resistance." *Int J Sports Phys Ther* 7(6): 606–616.

Jakobsen, M.D., E. Sundstrup, C.H. Andersen, R. Persson, M.K. Zebis, and L.L. Andersen. 2014. "Effectiveness of Hamstring Knee Rehabilitation Exercise Performed in Training Machine Vs. Elastic Resistance: Electromyography Evaluation Study." *Am J Phys Med Rehabil* 93(4): 320–327.

Reinold, M.M., K.E. Wilk, G.S. Fleisig, N. Zheng, S.W. Barrentine, T. Chmielewski, R.C. Cody, G.G. Jameson, and J.R. Andrews. 2004. "Electromyographic Analysis of the Rotator Cuff and Deltoid

Musculature During Common Shoulder External Rotation Exercises." *J Orthop Sports Phys Ther* 34(7): 385–394.

Serner, A., M.D. Jakobsen, L.L. Andersen, P. Holmich, E. Sundstrup, and K. Thorborg. 2014. "EMG Evaluation of Hip Adduction Exercises for Soccer Players: Implications for Exercise Selection in Prevention and Treatment of Groin Injuries." *Br J Sports Med* 48(14): 1108–1114.

Thigpen, C.A., D.A. Padua, N. Morgan, C. Kreps, and S.G. Karas. 2006. "Scapular Kinematics During Supraspinatus Rehabilitation Exercise: A Comparison of Full–Can Versus Empty–Can Techniques." *Am J Sports Med* 34(4): 644–652.

Willett, G.M., J.B. Paladino, K.M. Barr, J.N. Korta, and G.M. Karst. 1998. "Medial and Lateral Quadriceps Muscle Activity During Weight–Bearing Knee Extension Exercise." *J Sport Rehabil* 7: 248–257.

第6章

Calatayud, J., S. Borreani, J.C. Colado, F. Martin, and M.E. Rogers. 2014. "Muscle Activity Levels in Upper–Body Push Exercises With Different Loads and Stability Conditions." *Phys Sportsmed* 42(4): 106–119.

Choi, W.J., T.L. Yoon, S.A. Choi, J.H. Lee, and H.S. Cynn. 2017. "Different Weight Bearing Push–Up Plus Exercises With and Without Isometric Horizontal Abduction in Subjects With Scapular Winging: A Randomized Trial." *J Bodyw Mov Ther* 21(3): 582–588.

Decker, M.J., R.A. Hintermeister, K.J. Faber, and R.J. Hawkins. 1999. "Serratus Anterior Muscle Activity During Selected Rehabilitation Exercises." *Am J Sports Med* 27(6): 784–791.

Hintermeister, R.A., G.W. Lange, J.M. Schultheis, M.J. Bey, and R.J. Hawkins. 1998. "Electromyographic Activity and Applied Load During Shoulder Rehabilitation Exercises Using Elastic Resistance." *Am J Sports Med* 26(2): 210–220.

Iversen, V.M., P.J. Mork, O. Vasseljen, R. Bergquist, and M.S. Fimland. 2017. "Multiple–Joint Exercises Using Elastic Resistance Bands Vs. Conventional Resistance–Training Equipment: A Cross–Over Study." *Eur J Sport Sci* 17(8): 973–982.

Reinold, M.M., K.E. Wilk, G.S. Fleisig, N. Zheng, S.W. Barrentine, T. Chmielewski, R.C. Cody, G.G. Jameson, and J.R. Andrews. 2004. "Electromyographic Analysis of the Rotator Cuff and Deltoid Musculature During Common Shoulder External Rotation Exercises." *J Orthop Sports Phys Ther* 34(7): 385–394.

Witt, D., N. Talbott, and S. Kotowski. 2011. "Electromyographic Activity of Scapular Muscles During Diagonal Patterns Using Elastic Resistance and Free Weights." *Int J Sports Phys Ther* 6(4): 322–332.

第7章

Berry, J.W., T.S. Lee, H.D. Foley, and C.L. Lewis. 2015. "Resisted Side Stepping: The Effect of Posture on Hip Abductor Muscle Activation." *J Orthop Sports Phys Ther* 45(9): 675–682.

Colado, J.C., and N.T. Triplett. 2008. "Effects of a Short–Term Resistance Program Using Elastic Bands Versus Weight Machines for Sedentary Middle–Aged Women." *Strength Cond Res* 22(5): 1441–1448.

Cordova, M.L., L.S. Jutte, and J.T. Hopkins. 1999. "EMG Comparison of Selected Ankle Rehabilitation Exercises." *J Sport Rehabil* 8(3): 209–218.

Hintermeister, R.A., M.J. Bey, G.W. Lange, J.R. Steadman, and C.J. Dillman. 1998. "Quantification of Elastic Resistance Knee Rehabilitation Exercises." *J Orthop Sports Phys Ther* 28(1): 40–50.

Hoogenboom, B.J., A. Stinson, A. Huyser, and M. Suter. 2018. "2D Video Analysis of the Effects of Theraband CLX Neuromuscular Exercises on Overhead Deep Squat: An Observational Cohort Study." *J Perform Health Res* 2(1): 27–39.

Hopkins, J.T., C.D. Ingersoll, M.A. Sandrey, and S.D. Bleggi. 1999. "An Electromyographic Comparison of 4 Closed Chain Exercises." *J Athl Train* 34(4): 353–357.

Iversen, V.M., P.J. Mork, O. Vasseljen, R. Bergquist, and M.S. Fimland. 2017. "Multiple–Joint Exercises Using Elastic Resistance Bands Vs. Conventional Resistance–Training Equipment: A Cross–Over Study." *Eur J Sport Sci* 17(8): 973–982.

Kang, M.H., J.H. Jang, T.H. Kim, and J.S. Oh. 2014. "Effects of Shoulder Flexion Loaded by an Elastic Tubing Band on Emg Activity of the Gluteal Muscles During Squat Exercises." *J Phys Ther Sci* 26(11): 1787–1789.

Reinold, M.M., K.E. Wilk, G.S. Fleisig, N. Zheng, S.W. Barrentine, T. Chmielewski, R.C. Cody, G.G. Jameson, and J.R. Andrews. 2004. "Electromyographic Analysis of the Rotator Cuff and Deltoid Musculature During Common Shoulder External Rotation Exercises." *J Orthop Sports Phys Ther* 34(7): 385–394.

Selkowitz, D.M., G.J. Beneck, and C.M. Powers. 2013. "Which Exercises Target the Gluteal Muscles While Minimizing Activation of the Tensor Fascia Lata? Electromyographic Assessment Using Fine–Wire Electrodes." *J Orthop Sports Phys Ther* 43(2): 54–64.

Spracklin, K.F., D.C. Button, and I. Halperin. 2018. "Looped Band Placed Around Thighs Increases EMG of Gluteal Muscles Without Hindering Performance During Squatting." *J Perform Health Res* 1(1): 60–71.

Sundstrup, E., M.D. Jakobsen, C.H. Andersen, T. Bandholm, K. Thorborg, M.K. Zebis, and L.L. Andersen. 2014. "Evaluation of Elastic Bands for Lower Extremity Resistance Training in Adults With and Without Musculo–Skeletal Pain." *Scand J Med Sci Sports* 24(5): e353–e359.

第8章

Gottschall, J.S., J. Mills, and B. Hastings. 2013. "Integration Core Exercises Elicit Greater Muscle Activation Than Isolation Exercises." *J Strength Cond Res* 27(3): 590–596.

Sundstrup, E., M.D. Jakobsen, C.H. Andersen, K. Jay, and L.L. Andersen. 2012. "Swiss Ball Abdominal Crunch With Added Elastic Resistance Is an Effective Alternative to Training Machines." *Int J Sports Phys Ther* 7(4): 372–380.

Vinstrup, J., E. Sundstrup, M. Brandt, M.D. Jakobsen, J. Calatayud, and L.L. Andersen. 2015. "Core Muscle Activity, Exercise Preference, and Perceived Exertion During Core Exercise With Elastic Resistance Versus Machine." *Scientifica* 2015(403068): 1–6.

第10章

Garber, C.E., B. Blissmer, M.R. Deschenes, B.A. Franklin, M.J. Lamonte, I.M. Lee, D.C. Nieman, D.P. Swain, and Medicine American College of Sports. 2011. "American College of Sports Medicine Position Stand. Quantity and Quality of Exercise for Developing and Maintaining Cardiorespiratory, Musculoskeletal, and Neuromotor Fitness in Apparently Healthy Adults: Guidance for Prescribing Exercise." *Med Sci Sports Exerc* 43(7): 1334–1359.

菲尔·佩奇（Phil Page），博士，PT，ATC，LAT，CSCS，FACSM，在Performance Health（该公司旗下品牌包括TheraBand、Biofreeze和Cramer）担任临床教育和研究的全球总监。他还是方济各会大学（Franciscan University）物理治疗博士学位课程的兼职讲师，并在新奥尔良的杜兰大学医学院（Tulane University School of Medicine）任骨科临床讲师。他在路易斯安那州立大学（Louisiana State University，LSU）研究物理治疗，在密西西比州立大学（Mississippi State University）获得运动生理学硕士学位，然后回到LSU取得人体运动学博士学位。他在美国体育物理治疗学会（American Academy of Sports Physical Therapy）获颁"卓越教育终身成就奖"（Lifetime Excellence in Education Award，ACSM），并担任研究委员会主席。佩奇博士是美国运动医学会（The American College of Sports Medicine）的会员。

佩奇博士在临床和研究中的主攻方向包括肌肉失衡对肌肉骨骼疼痛的影响，以及体育活动对健康相关体适能的提高，特别是对于慢性疾病管理的作用。他是*Journal of Performance Health Research*的主编，也是*International Journal of Sports Physical Therapy*编辑委员会的成员，并且还是多个全国咨询委员会的成员。在全球各地就各种主题举办大量讲座及研讨会。他参与编写了100多种出版物，其中包括3本书。他与妻子及4个孩子住在路易斯安那州的巴吞鲁日。

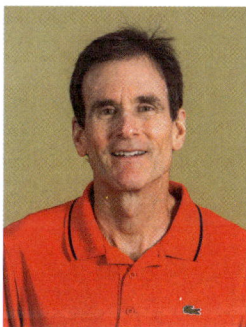

托德·埃伦贝克（Todd Ellenbecker），MS，DPT，SCS，OCS，CSCS，拥有30多年经验的物理治疗师，于2018年8月加入Rehab Plus Sports Therapy Scottsdale。他担任ATP Tour的医疗服务副总裁，并且是TheraBand研究咨询委员会（TRAC）的成员。他拥有多项认证，包括运动临床专家（来自美国物理治疗协会[American Physical Therapy Association，APTA]）、骨科临床专家（来自APTA），以及力量与体能专家（来自美国力量与体能协会[National Strength and Conditioning Association，NSCA]）。他是获得USPTA认证的网球教学专家。

埃伦贝克拥有威斯康星大学拉克罗斯分校（University of Wisconsin–La Crosse）的物理治疗学士学位、亚利桑那州立大学（Arizona State University）的运动生理学硕士学位和麻省综合医院健康职业学院（MGH Institute of Health Professions）的物理治疗博士学位。其丰富的专业知识广受认可，他已获得多个行业奖项，包括2003年的NSCA年度最佳运动医学专业人士（Sports Medicine Professional of the Year）。

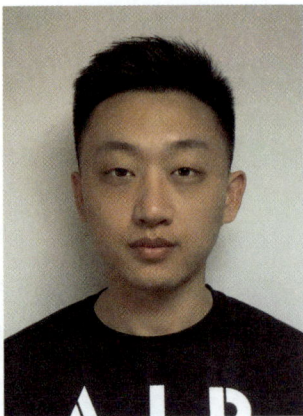

崔雪原，北京体育大学体育教育训练学（体能训练方向）硕士；国家体育总局训练局体能康复中心体能训练师；曾为国家体育总局备战2012伦敦奥运会身体功能训练团队成员；曾担任帆板世界冠军、中国国家帆船帆板队队员陈佩娜私人体能教练和八一羽毛球队体能教练；为游泳、羽毛球、排球、篮球等项目的国家队提供过体能测试与训练服务；译有《NASM-PES美国国家运动医学学会运动表现训练指南（第2版）》一书；参与编写《身体功能训练动作手册》、"儿童身体训练动作指导丛书"和"青少年身体训练动作指导丛书"。